"내가 너희의
하나님이 될 것이다."

언약신학은 개혁교회 신앙에 있어서 본질적입니다. 만일 여러분이 개혁교회가 되기를 원한다면, 여러분은 이 언약교리에 대한 좋은 이해를 가지는 것이 필요합니다. 달리 말하면, 만약에 여러분이 성경이 가르치는 바의 신실한 추종자가 되기를 원한다면, 여러분은 은혜언약의 교리를 이해해야 할 필요가 있습니다.

AN EASY INTRODUCTION TO THE COVENANT OF GRACE

알기쉬운 은혜언약 입문

웨스 브레던호프 Wes Bredenhof 지음 | 손정원 옮김

생명나무

알기쉬운 은혜언약 입문

초판 1쇄 발행	2016년 8월

지은이	Wes Bredenhof
옮긴이	손정원
펴낸이	노천상
펴낸곳	생명나무
전화	02-977-2780
등록일	2011. 11. 9
등록번호	306-2011-31
주소	서울, 중랑구 묵2동 234-15
홈페이지	www.rcw.kr
총판	(주)비전북출판유통
	경기도 고양시 일산서구 덕이동 1347-7
	전화: 031-907-3927
	팩스: 031-905-3297
디자인	토라디자인(908-5538)
ISBN	978-89-9676-918-7
가격	10,000원

* 이 저작물의 한국어판 저작권은 이 저작물의 원 출판사인 ILPB의 번역승인에 의해 이 저작물을 발행한 생명나무 출판사와 옮긴이에게 있습니다.
* 저작권법에 의해서 한국 내에서 보호를 받는 저작물이므로 무단전재와 무단복제를 금합니다.

생명나무 출판사는

위대한 종교개혁의 정신을 계승하고, 개혁신앙의 유산을 이 시대에 적용하고 확산시키며 후손들에게 상속하기 위해 설립되었습니다. 이러한 거룩한 도전과 모험을 통해서 주께서 영광을 받으시고 주의 백성들이 새롭게 되며, 교회가 참된 권능을 회복하도록 최선을 다하겠습니다.

AN EASY INTRODUCTION TO THE COVENANT OF GRACE

"내가 너희의
하나님이 될 것이다."

알기쉬운 은혜언약 입문

"내가 너희의
하나님이 될 것이다."

AN EASY INTRODUCTION

TO THE COVENANT OF GRACE

추천사

　개혁신학에서 많은 학문적 관심, 논쟁, 전문적인 세세한 설명들을 요구하는 교리들이 있습니다. 이러한 작업은 복음의 진실성을 보존하기 위해 중요함에도 불구하고 교회의 평범한 성도들에게는 그런 교리들을 공부하는 것 자체가 부담으로 다가올 수 있습니다. 어떤 의미에선 이해하는 것 자체가 불가능하게까지 느껴집니다. 제가 생각하기에는 은혜언약이 개혁교회 신자들에게는 그렇게 느껴지는 교리가 아닐까 싶습니다.

　하지만 저는 최근 들어 개혁 장로교회의 장로나 목사가 아닌 그저 평범한 성도로서 언약에 대한 바른 이해가 저 자신의 신앙생활과 제 가족을 기독교적 삶과 예배로 이끄는 데 얼마나 중요하고 큰 도움이 되는지를 배우게 되었습니다. 은혜언약에 대한 성경적 교리는 구약시대 이스라엘과 하나님의 관계의 특징, 개혁교회가 유아세례를 주는 이유, 우리가 자녀들에게 계속해서 복음에 신앙적으로 반응하도록 촉구하는 방식 등과 같은 다양한 주제들에 대해 답하기 위한 열쇠와 같습니다. 정말로 언약과 복음의 친밀한 관계는 우리가 성경적 신앙과 생활에 관해 이야기할 수 있는 어떤 주제와도 관련이 있다고 말해도 과언이 아닙니다.

웨스 브레던호프 박사의 소책자, "알기 쉬운 은혜언약 입문 내가 너희의 하나님이 되리라." "I Will Be Your God" – An Easy Introduction to the Covenant of Grace 은 이 필수적인 교리에 대해 확실히 이해하기 위한 굉장히 좋은 책입니다.

이 책에서 브레던호프 박사는 자신에게 이러한 개혁교리와 신앙고백들이 매우 당연하고 익숙한 것임에도 불구하고 언약에 대해 이제 공부하기 시작하는 신자들에게 매우 유용할 수 있는 방식으로 이 주제를 조심스럽게 다루고 있습니다. 만약에 독자들께서 지금 처음으로 은혜언약이라는 교리를 배우기 시작하셨다면 이 책을 읽으려고 선택하는 것은 꼭 맞는 선택입니다. 그리고 이러한 주제에 대해 이미 알고 계신 독자들도 이 책의 단순하지만 매우 정확한 설명, 참고문헌과 질의들, 어떻게 언약에 대한 가르침을 독자들의 일상생활에 적용할 수 있는지에 대한 브레던호프 박사의 목회적 직관력에서 도움을 받으실 수 있을 것입니다.

개인적으로 이 책이 언약의 교리를 잘못된 방식으로 이해하지 않기 위해 중요한 어떤 세세한 부분들도 놓치지 않고 핵심들을 차근히 설명해 나가는 방식이 매우 인상 깊었습니다. 똑같은 이유로 세 페이지에 걸친 부록, 은혜언약 교리에서의 일곱 가지 본질적인 특징 Seven Essential Distinctions in the Doctrine of the Covenant of Grace은 개인적으로 이 책에서 결코 뺄 수 없는 중요한 부분이고 이 주제에 대해 더 공부하기 위해 유용한 자료라는 생각이 듭니다.

은혜언약은 예전에도 그러했고 지금도 복음 그 자체의 모든 측면에 해당합니다. 당연히 브레던호프 박사가 이 책에서 다뤘던 그 이상으로 배워야 하고 명확히 해야 할 부분들이 많습니다. 하지만 이 책 Will Be Your God은 은혜언약 교리에 대한 개론과 적용, 개혁교회 안에서, 또 우리 하나님과의 아름다운 구속적 관계 안에서 사는데 있어서 이 교리가 어떤 의미를 가지고 있는지에 대한 소개라는 점에서 충실하고 뛰어나게 그 역할을 하리라 생각하여 이 책을 추천합니다.

미국 뉴욕 주 시러큐스에서

시러큐스 북미 개혁 장로교회 성도 Syracuse Reformed Presbyterian Church of

North America Member

피터 게이

"내가 너희의
하나님이 될 것이다."

추천사	5
한국어판 저자 서문	10
저자 서문	12
번역하면서	17
1장 – 의도big idea의 소개	25
2장 – 약속과 책임	49
3장 – 은혜언약 안에서 죽는 것과 사는 것	83
4장 – 은혜언약 안에서의 우리 자녀들	111
5장 – 은혜언약과 공적 예배	143
부록 – 은혜언약 교리에서의 일곱 가지 본질적인 특성	177
더 깊은 연구를 위한 추천 도서들	184

한국어판 저자 서문

저는 이 소책자가 한국어로 번역되어 기쁘고 감사합니다. 은혜언약의 교리는 국경과 문화를 넘어서 어디에서나 중요합니다. 이 책에서 가르침이 원래 캐나다 그리스도인들을 위해 기록되었을지라도, 저는 한국의 신자들도 또한 이 책으로부터 유익을 얻을 것이라고 확신합니다. 그러므로 저는 이 책을 번역하는 작업을 해 주신 손 정원 목사님께 깊은 감사를 드립니다.

이 책에서 제 주된 목적은 단지 성경이 은혜언약에 대해 가르치는 것을 제시하는 것뿐입니다. 그러나 저는 이 책이 저의 교회 배경과 교육의 산물이라는 것을 인정합니다. 저는 캐나다 개혁교회들에서 생애의 많은 해를 보내면서 영향을 받았습니다. 저는 또한 캐나다 개혁교회 신학교에서 목회학 석사학위 Master of Divinity degree를 받았습니다. 그러므로 이 책에서 언약신학이 스킬더 박사

Dr. Klaas Schilder와 같은, 그런 캐나다 개혁교회들의 역사에서 매우 중요한 신학자들에 의해 대부분 형성되었다고 할 수밖에 없습니다. 스킬더와 그의 계열의 다른 신학자들은 여러분이 여기에서 읽게 될 내용에 영향을 미쳤을 뿐만 아니라 그 내용은 확실히 가장 중요한 부분들 중 일부입니다.

언약신학은 개혁교회 신앙에 있어서 본질적입니다. 만일 여러분이 개혁교회가 되기를 원한다면, 여러분은 이 언약교리에 대한 좋은 이해를 가지는 것이 필요합니다. 달리 말하면, 만약에 여러분이 성경이 가르치는 바의 신실한 추종자가 되기를 원한다면, 여러분은 은혜언약의 교리를 이해해야 할 필요가 있습니다. 저는 이 소책자가 은혜언약의 교리를 이해하는데, 또 아마도 더 나은 방식으로 은혜언약의 교리를 이해하는데 여러분에게 도움이 되기를 기도합니다.

2016년 8월

호주 타즈매니아 론서스터에서 Launceston, Tasmania, Australia

웨스 브레던호프 Wes Bredenhof

저자 서문

한때 언약의 교리가 토론을 위한 뜨거운 주제였던 적이 있었습니다. 그때는 1944년 이전과 그 당시와 이후 시대였는데, 개혁교회 성도들이 오늘날 종종 그런 것보다 훨씬 더 언약 신학에 대해 정통했던 때였습니다. [역주 – 1944년은 네덜란드 개혁교회해방-31조파가 총회 측 개혁교회국가교회에서 분리된 해이다.] 그 시대에 성도들이 언약에 대해 무엇을 믿는가 하는 것은 가장 중요한 문제였습니다. "한 편의 주장을 믿으라. 그러면 당신은 어린 시절부터 출석하던 교회 안에서 편안하게 머물 수 있을 것이다. 다른 편의 주장을 믿으라. 그러면 당신은 떠날 것을 무례하게 강요당할 수 있을 것이다." 우리 조상들은 매우 진지하게 언약 신학을 받아들였습니다. 너무 먼 과거의 이런 논쟁들의 열기를 가지고서는 성경이 이런 언약 신학에 대해 가르치는 바를 이해하고, 믿고, 사는 것의 생생한 중요성을 잊기 쉬울 것입니다. 이 작은 책은 부분적으로는 개혁교회 성도들에게 이 중요한 언약 교리를 회상시켜 주려는 노력입니다.

이 작은 책은 또한 부분적으로는 우리 개혁교회들이 대부분의 '새로운 칼빈주의New Calvinism'나 이른바 '젊고 계속적인 개혁' 운동과 얼마나 다른지를 분명히 진술하려는 노력이기도 합니다. [역주—새로운 칼빈주의New Calvinism는 네덜란드의 신칼빈주의 Neo-Calvinism과 다른 미국에서 일어나고 있는 남 침례교와 주로 관련된 운동이다. 그래서 이 책에서는 'New Calvinism'를 '새로운 칼빈주의'라고 번역한다. 이 운동을 주도하는 인물 중 한 사람은 한국에서 잘 알려진 존 파이퍼John Piper 목사이다. 이들은 주로 칼빈주의 5대 교리를 믿는다고 하면서 '언약'이 없는 복음을 전한다.] 실제로 이 책은 2014년 초에 해밀턴의 프라비던스 캐나다 개혁교회Providence Reformed Church of Hamilton에서 전한 교리문답 설교 시리즈를 가볍게 재작업한 것입니다. 그 교구의 성도들parishioner은 우리와 우리 지역에 있는 일부의 '새로운 칼빈주의자' 교회들의 차이점에 대해 물었습니다. 당회는 저에게 강단에서 조직적으로 (그러나 쉽게 이해할 수 있도록) 이에 대해 설명해 줄 것을 요구했습니다.

우리는 은혜의 교리에 대한 '새로운 칼빈주의자들'의 견해에 대체로 동의하지만 언약신학에 있어서는 그들 중 다수와 다릅니다. 만일 언약신학이 개혁주의 됨에 있어서 본질적이라면 (그리고 저는 그렇다고 믿습니다.) 많은 '새로운 칼빈주의자' 교회들이 은혜의 교리 이외에 어떤 의미 있는 방식으로 개혁주의라고 주장하는 것은 오히려 어려워집니다. 그러므로 개혁 교회 안에서 태어나서 자란 한 그리스도인이 그 교회를 떠나서 '새로운 칼빈주의자' 집단에 가입할 때, 그것은 진보가 아니라 빈곤입니다.

이 소책자 배후에 있는 다른 목적은 '페더럴 비전Federal Vision'[페더럴 비전은 언약신학, 삼위일체적 사상, 세례와 성찬의 성례, 성경신학과 모형론, 칭의, 후천년설 등과 같은 주제에 초점을 맞춘 개혁주의, 복음주의적 신학토론이다. 이 논쟁은 2002년 '페더럴 비전 : 개혁주의 언약론 고찰'이라는 주제로 개최된 컨퍼런스에서 발표된 관점들에 대한 반응으로, 칼빈주의의 개혁교회와 장로교회 안에서 일어났다. 계속되는 논쟁에 정통장로교회, 미국장로교회, 북미연합개혁교회, 미국개혁장로교회, 미국개신개혁교회와 같은 개혁주의 교단들이 연관되어 있다.-위키피디아Wikipedia]으로 알려진 거짓 가르침을 타개하려는 노력입니다. 여러 해 동안 개혁교회들과 장로교회들은 캐나다 개혁교회들의 신학적 상속에서 끌어낸 것으로 보이는 이 운동, 특별히 언약의 교리와 연관된 이 운동으로 인해 고통을 받아 왔습니다. 이 책은 이 운동이 고백적으로 개혁전통에서 이탈한 것으로 간주되는 이유를 개관하는 장이 아닙니다. 그 이유는 제가 다른 곳에서 제시했습니다.[1] 제가 이 운동에 동정적이지 않다고 말하는 것으로 충분할 것입니다. 물론 그런 생각은 다음 페이지들에서 분명히 언급되지 않지만, 확실히 제 생각의 이면에 있었습니다.

이런 논쟁적인 목적 이외에, 저는 독자들이 은혜언약의 교리가 복음적 격려의 위대한 원천이라는 사실로 인해 더욱 감사하는 마음을 가질 수 있기를 기도합니다. 이 교리에서, 우리는 예수 그리스도 안에서 위로와 소망과 기쁨을 발견합니다. 이 교리에서, 우리는 하나님께서 주신 은혜로운 생명의 길과 하나님 앞에서 복된 생명의 길을 발견합니다. 여러분이 이 책을 자신의 개인적인 교화를 위해 읽든지 혹은 성도의 교제에서 공부 모임의 부분으로 읽든지, 저는 여러분이 은혜언약을 그 의도대로 복으로서

---

1 나의 책, *Federal Vision: A Canadian Reformed Pastor's Perspective* (Grandville: Reformed Fellowship, Inc.,2014)를 보세요.

인정하고 경험하게 되기를 기도합니다.

끝으로, 저는 각 장의 내용을 가능한 한 단순하게 기술하려고 노력했습니다. 저는 신학적으로 공부하려는 사람들에게 더 맞춘 짧은 부록을 포함시켰습니다. 또한 이 중요한 주제를 더 연구하기 원하는 사람들을 위해서 설명을 달아 놓은 참고문헌목록을 만들었습니다.

2014년 11월

웨스 브레던하프 Wes Bredenhof

번역하면서

최근 한국교회 안에서 페더럴 비전, 바울신학의 새 관점 등등 언약과 관련된 논의들이 진행되고 있습니다. 그런데 이 논의는 양극단으로 진행되어 한 편이 다른 편을 심지어 이단으로 정죄하는 그런 이상한 상황 가운데 있습니다.

이런 상황에서 저는 몇 달 전에 기독교 세계관 학교장이신 노천상 목사님으로부터 이 책에 대한 번역을 제안 받았습니다. 처음에 저는 이 책을 번역할 생각이 그렇게 많이 없었습니다. 그 이유는 이 책의 저자인 웨스 브레던 호프 목사님의 다른 책 "패더럴 비전-캐나다 개혁교회 한 목사의 관점(Federal Vision–A Canadian Reformed Pastor's Perspective)"이라는 책이 패더럴 비전에 대한 캐나다 개혁교회 목사들의 입장이라고 하면서 한 형제에 의해 번역되어 회자되면서 마치 웨스 브레던호프 목사님이 패더럴 비전을 이단으로 취급하는 것처럼 이야기되었기 때문입니다.

하지만 그 책을 자세히 읽어보고서 전혀 그렇지 않는다는 것을 알았습니다. 또한 최근 캐나다 개혁교회들 내에서도 패더럴 비전에 대한 여러 입장들이 있어서 다양한 입장들이 받아들여지고 있다는 소식을 들었습니다.

그래서 저는 캐나다의 개혁교회 책들을 판매하는 서점(http://www.godutch.com/store/)에서 주문하여 책을 번역하는 작업을 시작했습니다. 과연 웨스 브레던호프 목사님은 언약에 대한 어떤 관점을 취하고 있을지 궁금해 하면서 한 페이지씩 번역을 했고 마침내 완역했고 여러 번 재검토했습니다. 저자의 각주는 각주 위치에 그대로 두었고, 배경 설명을 위한 역자의 각주는 본문 속에 [ ]로 집어넣어 독자들의 이해에 도움을 주려고 노력했습니다.

저자가 이 책을 쓴 목적은 이중적입니다. 먼저, '새로운 칼빈주의자 New Calvinism'와 개혁교회들과 차이점이 무엇인가를 언약에 대해 설명하면서 밝히려고 한 것입니다. 저자가 해밀턴Hamilton의 프라비던스Providence 캐나다 개혁교회에서 교리문답 설교들을 했고, 그 교회의 성도들이 그 지역의 '새로운 칼빈주의자들'과 개혁교회들 사이에 차이점이 무엇인지를 질문했고, 이에 대해 설명해 주기 위해서 이 책을 쓴 것입니다.

다음으로, 저자의 목적은 캐나다 개혁교회들 안에서 논의 중인 '패더럴 비전Federal Vision'에 대한 자신의 입장을 밝히려는 것입니다. 특별히, 패더럴 비전이 말하는 언약에 대한 관점이 잘못 되었다저자는 패더럴 비전이 알미니안적이라고 생각한다는 것을 언약에 대한 신앙고백의 입장을 설명하면서 밝히고 있습니다.

그 외에는 저자는 이 책을 통해 모든 독자들이 '복음'이 '언약적 복음'이라는 사실을 다시 한 번 이해하게 하려고 간단하고 쉽고 분명하게 언약에 대한 핵심적인 주제들을 다루고 있습니다.

또한 우리는 저자가 이 책을 교리문답 설교 시리즈를 다시 수정 보완하여 쓴 것이라고 말하는 부분을 주목해야 합니다. 이 사실은 중요한데, 그 이유는 지금까지 언약에 대해 나온 대부분의 책들은 '언약의 구조'에 대한 것, 또 '언약역사' 혹은 '언약에 대한 학자들의 논의'를 다룬 책이기 때문입니다. 하지만 이 책은 개혁교회 신앙고백(벨직신앙고백, 하이델베르크교리문답, 도르트 신경)에서 언약에 대해 어떻게 말하고 있는가를 살피고 있습니다. 아마도 신앙고백들에서 '언약'에 대해 다루는 책은 제가 알고 있는 범위에서는 이 책이 유일하지 않을까 생각합니다. 또한 이 책은 각 장마다 성경읽기 본문과 신앙고백 본문을 소개하여 교회에서 성경공부 교재로 사용할 수 있도록 해 두었습니다.

그래서 독자 여러분은 이 책을 통해 짧은 시간 안에 은혜언약에 대해 이해하고 정리할 기회가 될 것입니다. 교회에서 성경공부 교재로 사용하여 함께 공부할 수도 있을 것입니다. 물론 이 책이 언약에 대한 깊이 있는 논의를 하지 않은 부분은 아쉽지만 은혜 언약에 대한 입문서로는 가장 좋은 책입니다.

이제 마지막으로 이 책이 생명나무 출판사를 통해 출간되기까지 도와주신 여러 형제들과 자매들에게 감사드립니다. 먼저, 이 책의 번역을 권유해 주시고 생명나무 출판사를 통해 이 번역서를 출판해 주신 노천상 목사님께 감사드립니다. 다음으로, 이 책의 한국어판 번역 출판을 허락해 준 Inter-League 출판사에게 감사하며, 한국어판 서문을 기꺼이 써 주시고 한국어판 출간을 기뻐해 주신 저자 웨스 브레던호프 목사님께 깊은 감사를 드립니다. 또한 웨스 브레던호프 목사님과 Inter-League 출판사에 연락하여 한국어판 출판권을 받아주고, 웨스 브레던호프 목사님께 한국어판 저자 서문을 받아 주었으며, 직접 이 책을 읽고 추천사를 써 준 피터 게이 Peter Gay 형제와 그의 아내 정 은영 자매에게 감사드립니다. 마지막으로, 이 번역서를 처음부터 끝까지 꼼꼼하게 읽고 부드러운 우리말로 교정해 주신 문 현정 자매에게 감사드립니다. 이 모든 형제들과 자매들의 도움이 없었다면, 이 번역서는 출판되기 어려웠을 것입니다. 이들을 만나게 해 주시고 이 모든 출판과정을 순탄하게 인도해 주신 하나님께 모든 영광을 돌려드립니다. 이 번역서를 읽는 모든 독자들이 은혜언약에 대한 이해가 더욱 더 새롭게 되기를 기도합니다.

　　　　　양산 픽토랄리아 개혁교회성경연구원에서

　　　　　　　　　　　손 정 원

"내가 너희의
하나님이 될 것이다."

"내가 너희의
하나님이 될 것이다."

AN EASY INTRODUCTION
TO THE COVENANT OF GRACE

제 1 장
의도^{big Idea}의 소개

성경: 창 17:1-14, 히 8:1-7
신앙고백: 벨직 신앙고백 17조

은혜언약이란 무엇입니까? 저는 이전에 은혜언약에 대해 이렇게 설명하는 것을 들었습니다. "언약에서는 하나님께서 당신의 일을 행하시고 우리가 우리의 일을 행하고, 그런 후에 우리가 구원을 얻게 되어 하늘로 가게 되는 것입니다." 그런데 이 설명이 캐나다 개혁교회의 젊은 이에게서 나왔고, 그 사람이 아직 젊었기에 때문에 우리는 아마도 좀 더 관용할 수 있을 것입니다. 그러나 저는 우리가 무작위로 이러한 질문을 받는다면 우리 중 얼마나 많은 사람이 제대로 이해하고 있을지 궁금합니다 우리는 언약이 하나님의 약속과 우리의 책임에 대해 말하기 때문에 구원이 부분적으로 하나님의 일이고, 부분적으로는 우리의 일이라고 믿는 것처럼 들어야 할까요? [역주-그렇지 않다는 뜻이다.]

은혜언약이란 무엇입니까? 우리가 교회들 안에서 언약에 큰 중요성을 부과하기 때문에 그것은 중요한 문제입니다. 그것은 우리 역사의 중요한 부분입니다. 캐나다 개혁교회들이 언약의 교리 때문에 존재한다고 말하는 것은 부적절한 표현이 아닙니다. 1930년대와 1940년대에, 이 언약 교리에 대한 격렬한 논쟁이 있었습니다. [역주 – 이 논쟁에 대해서는 캄빠이스J. Kamphuis 교수가 쓴 영원한 언약(Everlasting Covenant–1984년–손정원 역, 미출간)을 참조하라.] 1940년대 초에 네덜란드 개혁교회들은 모든 사람이 언약 (그리고 여러 다른 교리적 문제들)에 대한 아브라함 카이퍼Abraham Kuyper의 견해에 따르도록 결정했고, 이 결정은 1944년의 자유Liberation로 이어졌습니다. [역주 – 네덜란드 개혁교회들이 아브라함 카이퍼의 견해를 따르도록 결정했고 이에 반대하는 교회들이 1944년에 분리되어 나와서 네덜란드 자유개혁교회들(31조파)을 세우게 되었다.] 자유 개혁교회들로부터의 이민자들이 1950년대에 처음 캐나다로 왔을 때, 그들은 캐나다 개혁 교회들을 설립하지 않을 수 없었습니다. 그래서 언약은 우리 역사에서 결정적으로 중요합니다.

또한 언약은 우리 교회들의 생활에서도 중요합니다. 언약은 우리가 어떤 일들을 하는 방식의 배후에 있습니다. 예를 들면, 언약은 우리가 우리 자녀들을 보는 방식, 우리가 우리 자녀들을 양육하는 방식, 우리가 우리 자녀들을 교육하는 방식에 영향을 미칩니다. 또한 언약은 우리가 예배드리는 방식에도 영향을 미칩니다. 우리가 나중에 이 책에서 살펴볼 것이지만, 우리는 예배드리는 방식의 많은 부분도 또한 은혜언약과 연관시켜야 합니다.

언약신학은 정말로 우리 주변의 많은 다른 교회 단체들과 우리를 구별시킵니다. 심지어 은혜의 교리(혹은 TULIP[1])를 지지하는 자들도 개혁교회의 은혜언약 교리를 지지하지 않습니다. 그들은 우리 구원에 관한 다섯 가지 요점을 지지함에 있어서 칼빈주의적 Calvinistic 일 것입니다. 그러나

---

1 이 교리는 도르트 신경에서 발견되는 다섯 가지 요점, 곧 전적 타락(Total Depravity), 무조건적 선택(Unconditional Election), 제한 속죄(Limited Atonement), 불가항력적 은혜(Irresistible Grace), 성도의 견인(Perseverance of the Saints)입니다. 이 요점들은 각각 너 길 표현될 수 있지만, 칼빈주의 5대 교리는 일반적으로 사용되고 기억할 수 있는 두문자어[역주―(頭文字語)는 낱말의 머리글자를 모아서 만든 준말이다.] '튤립(TULIP)'으로 요약됩니다.

언약 없이, 그들을 개혁주의로 보는 것은 매우 어렵습니다. 개혁주의가 되는 매우 중요한 부분은 언약적이 되는 것입니다.

만일 언약이 그렇게 중요한 것이 사실이라면, 누군가는 이렇게 질문을 제기할 것입니다. "은혜언약이 왜 우리 신앙고백서들에 더 자주 언급되고 있지 않습니까?" 언약이 '일치를 위한 세 고백서 Three Forms of Unity'에서 몇 번만 언급되고 있다는 것은 사실입니다. [역주-개혁교회들은 '일치를 위한 세 고백서', 곧 벨직신앙고백, 하이델베르크 교리문답, 도르트 신경을 동일하게 고백한다고 표명하는 교회들이 함께 일치한다.] 예를 들면, 하이델베르크 교리문답에서, 언약은 단지 성례들을 다루는 주일들 [역주-제 26주일-제 31주일]에서만 언급됩니다. 제 27주일은 유아세례와 연관하여 언약을 언급하고, 제 30주일은 주의 만찬과 연관하여 언약을 언급합니다. 그러나 언약은 하이델베르크 교리문답 다른 곳에서는 달리 언급되지 않는 것이 분명합니다. 왜 그렇습니까? 적어도 부분적으로는 하이델베르크 교리문답이 원래 자녀들과 젊은이들을 위한 교육교재로 의도되었기 때문일 것입니다. 16세기에 하이델베르크에서 언약 교리는 젖보다는 단단한 음식으로 여겨졌습니다. 자카리아스 우르시누스Zacharias Ursinus는 자기 신학교 학생들에게 사용하기 위해서 다른 교리문답을 저술했습니다.[2] 이 교리문답은 여러 곳에서 언약을 언급하고, 더 자세히 이 교리를 설명하여 신학교 학생들이 필요로 하는 단단한 음식을 제공합니다.

우리는 확실히 이 교리가 개혁교회들 안에서 항상 중요했다고 말할 수 있습니다. 심지어 이 교리가 우리 신앙고백서들에 특별히 현저하게 나타나지 않을지라도 말입니다. 이 언약 교리가 중요하기 때문에, 우리가 이 교리에 약간 집중적인 주의를 기울이는 것은 좋을 것입니다. 우리는 이어지는 장들에서 은혜언약의 교리의 기본적인 형태와 개혁교회 신자들로서 우리에게 이 교리가 중요한 이

---

2 우르시누스(Ursinus)의 대교리문답(Larger Catechism)은 라일 비어마 (Lyle D. Bierma), *An Introduction to the Heidelberg Catechism: Sources, History, and Theology* (Grand Rapids: Baker Academic, 2005), 163-223 에서 볼 수 있을 것입니다. 이 교리문답은 또한 온라인 상에서 사용 가능합니다. http://links.chistreformed. org/doctrinevision/ursinusm_project.pdf [역주—이 책은 부흥과 개혁사에서 하이델베르크 교리문답 입문: 자료, 역사, 신학으로 번역 출간되어 있다.]

유를 살펴볼 것입니다.

이제 이 연구를 다소 복잡하게 만들기가 매우 쉬울 것입니다. 언약은 내용이 충실한 교리이고 거의 모든 독자들의 사고를 바꿀 잠재력이 있습니다. 이것이 제가 마지막에 바라는 바입니다. 저는 이 책을 읽는 모든 독자들이 다 은혜언약에 대한 확고한 기본적인 이해를 가지게 되기를 원합니다. 저는 할 수 있는 대로 은혜언약을 단순하고 확실하게 설명하기 위해 최선을 다할 것입니다. 일부 독자들은 이미 이 주제에 대해 더 읽거나 혹은 더 공부했을 것이고, 이런저런 것들이 논의되고 있지 않는 이유를 이상하게 여길지 모르겠습니다. 그것은 반드시 중요하지 않기 때문은 아닙니다. 우리가 이 주제를 살펴볼 때에 제가 누군가를 지나치기를 원하지 않을 뿐입니다. 저는 신학자들을 위해서 이 책을 쓰는 것이 아니라 보통의 교회 회원들을 위해 쓰고 있습니다.

이런 생각에서 제가 여기에서 우리의 초점을 좁히려고 합니다. 우리는 오늘날 신자로서 우리의 삶에서 맞닥뜨리는 은혜언약에 초점을 맞추려고 합니다. 우리는 우리 구원에 관한 삼위일체의 삼위 사이에 언약이 있는가 하는 문제로 들어가지 않을 것입니다. [역주 – 저자는 이른바 구속언약에 대해 논하지 않겠다는 것이다.] 우리는 죄에 빠지기 전에 하나님과 아담의 관계가 언약관계였는가, 만일 언약관계였다면 우리가 이 타락 전 언약에 대해 어떻게 말해야 하는가의 문제로 들어가지 않을 것입니다. [역주 – 저자는 이른바 타락 전 아담 언약에 대해 논하지 않겠다는 것이다.] 저는 히타이트 종주권 조약이나 구속역사의 과정을 통한 다양한 언약적 집행 방식의 발전에 대해 논하지 않을 것입니다. 이런 주제들은 모두 흥미로운 문제들이고 확실히 중요합니다. 그러나 우리는 가능한 한 모든 것을 단순하게 하기를 원합니다. 그래서 이 책에서 우리는 오늘날 우리 삶에서의 은혜언약에 초점을 맞출 것입니다.

저는 이제 마지막 서론적인 언급 하나를 하겠습니다. 이것은 복음의 교리입니다. 이 교리는 결국 은혜언약입니다. 이 교리는 우리에게 하나님의 은혜에 대해 능력 있게 말하는데, 이는 죄인들을 위한 좋은 소식입니다. 저는 정말로 이어지는 페이지들에서 이 복음을 제시하기를 원합니다. 너무 자주, 은혜언약은 짐스럽거나 율법주의적인 것으로 잘못 이해되었습니다. 우리는 칼빈주의 5대 교리(TULIP) 등등으로 우리 구원에서 행위를 거부하지만, 그런 다음에 우리의 언약교리로 행위를 의도하지 않게 다시 도입합니다. 언약이 하나님께서 당신의 일을 행하심과 우리가 우리의 일을 행함이라고 생각하는 그 청년을 기억하십니까? 그것은 복음이 아닙니다. 그것은 은혜언약이 아닙니다. 우리가 성경에서 보는 것처럼 은혜언약은 복음의 복입니다. 은혜언약은 우리의 지성과 우리의 마음 모두로 귀중하게 여기고 받아들여야 하는 것입니다.

은혜언약의 본질

그래서 우리는 다시 "은혜언약이란 무엇인가? 우리가 은혜언약을 어떻게 정의해야 하는가?"라는 그 질문으로 돌아옵니다. 성경은 우리가 결혼의 방식에 따라 은혜언약을 생각하도록 인도합니다. 여러분이 결혼식에 참석할 때에, 여러분은 서로에게 서약을 교환하는 신랑과 신부를 지켜봅니다. 신랑과 신부는 서로에게 약속하고 헌신합니다. 이 서약은 혼인을 확증합니다. 서약 후에 곧바로 신랑과 신부는 테이블로 가서 몇 가지 법적 문서에 서명을 합니다. 이 문서들도 또한 혼인을 확증하는 데 역할을 합니다. 서약과 법적 문서들은 중요합니다. 그러나 아무도 진지하게 결혼이 이런 서약과 문서들로 구성된다고 주장하지 않을 것입니다. 이런 서약과 문서들은 기본적이고 필요하지만 결혼의 본질을 이루지 않습니다. 결혼의 본질은 무엇입니까? 그것은 관계입니다. 결혼은 서약과 약속과 헌신과 다른 것들로 확증되지만, 그 본질은 관계입니다. 그것은 언약도 마찬가지입니다. 은혜언약은 본질적으로 하나님과 당신 백성의 관계입니다.

성경 여러 곳에서 그 비교가 나타납니다. 성경 여러 곳 중 하나는 호세아의 예언에서 나타납니다. 호세아는 불신실한 여자와 혼인했고, 그 다음으로 여호와께서는 당신 백성과 맺은 깨어진 언약 관계를 묘사하기 위해서 깨어진 결혼을 사용하셨습니다. 여호와께서는 이스라엘이 당신과 맺은 언약을 결혼관계와 분명히, 직접적으로 비교하셨습니다. 정말로 놀라운 일은 심지어 그 관계가 깨어졌을지라도 하나님께서 당신의 배우자를 계속 사랑하셨다는 것입니다. 하나님께서 주도권을 가지고 당신 배우자를 뒤따라가셔서 그 배우자를 구속하시고 관계를 개선하실 것입니다. 우리는 호세아 2장 14-23절에서 이에 대해 볼 수 있습니다.

14 "그러므로 내가 저를 개유하여 거친 들로 데리고 가서 말로 위로하고

15 거기서 비로소 제 포도원을 저에게 주고 아골 골짜기로 소망의 문을 삼아 주리니 저가 거기서 응대하기를 어렸을 때와 애굽 땅에서 올라오던 날과 같이 하리라."

16 여호와께서 이르시되 "그 날에 네가 나를 '내 남편'이라 일컫고 다시는 '내 바알'이라 일컫지 아니하리라.

17 내가 바알들의 이름을 제 입에서 제하여 다시는 그 이름을 기억하여 일컬음이 없게 하리라.

18 그 날에는 내가 저희를 위하여 들짐승과 공중의 새와 땅의 곤충으로 더불어 언약을 세우며 또 이 땅에서 활과 칼을 꺾어 전쟁을 없이 하고 저희로 평안히 눕게 하리라.

¹⁹ 내가 네게 장가들어 영원히 살되 의와 공변됨과 은총과 긍휼히 여김으로 네게 장가들며

²⁰ 진실함으로 네게 장가들리니 네가 여호와를 알리라."

²¹ 여호와께서 가라사대 "그 날에 내가 응하리라. 나는 하늘에 응하고 하늘은 땅에 응하고

²² 땅은 곡식과 포도주와 기름에 응하고 또 이것들은 이스르엘에 응하리라.

²³ 내가 나를 위하여 저를 이 땅에 심고 긍휼히 여김을 받지 못하였던 자를 긍휼히 여기며 내 백성 아니었던 자에게 향하여 이르기를, 너는 내 백성이라 하리니 저희는 이르기를 주는 내 하나님이시라 하리라."

이것이 이 언약관계 안에서 기능하는 은혜입니다! 이 단락이 "너는 내 백성이라.", "주는 내 하나님이시라."라고 끝맺는 방식을 주목하시기 바랍니다. 또한 이런 종류의 언어는 창세기 17장에서 하나님께서 아브라함과 언약을 맺으실 때 발견됩니다. 여호와께서는 분명히 당신께서 그들의 하나님이 되실 것이라고 말씀하십니다. 그들은 하나님의 백성이 될 것이고, 그것은 할례를 통해 드러날 것

입니다. 여호와께서 그들의 하나님 되심과 그들이 하나님의 백성 됨은 또한 관계에 대해 말합니다. 하나님과 하나님의 백성 사이에 밀접한 결속과 연관이 있습니다.

이제 여러분은 이렇게 생각하실지 모르겠습니다. "나는 우리가 오늘날 신자로서 경험하는 것으로 은혜언약을 살펴볼 것이라고 생각했다. 그러나 우리는 여기 구약에서 호세아를 살펴보았고 이제 아브라함을 살펴보았다. 그것은 오늘날이 아니다!" 그러나 조금만 기다려 주십시오. 여러분은 창세기 17장, 특별히 7절을 주의 깊게 살펴보아야 할 필요가 있습니다.

> 내가 내 언약을 나와 너와 네 대대 후손의 사이에 세워서 영원한 언약을 삼고 너와 네 후손의 하나님이 되리라.

하나님께서는 여기에서 아브라함과 당신 백성과 세우신 '영원한 언약'에 대해 말합니다. 이 언약관계는 그 시점부터 앞으로 영원히 효력이 있게 될 것입니다. 그 언약관계는 오늘날도 여전히 효력이 있습니다. 그 관계는 우리도 포함합니다.

이것은 우리가 신약에서, 특별히 갈라디아서 3장에서 읽는 말씀에 의해 확정됩니다. 갈라디아서 3장에서 바울은 오늘날 그리스도인들을 창세기에서 아브라함에게 연결시킵니다. 7절에서, 바울은 "그런즉 믿음으로 말미암은 자들은 아브라함의 아들인줄 알지어다."라고 말합니다. 또한 29절에서, 바울은 "너희가 그리스도께 속한 자면 곧 아브라함의 자손이요, 약속대로 유업을 이을 자니라."라고 말합니다. 달리 말하면, 여러분은 하나님과 수천 년 전 아브라함을 포함한 하나님의 백성 사이의 영원한 언약관계 안에 있습니다. 그런 의미에서, 은혜언약에 대한 여러분의 경험은 아브라함이 경험한 것과 유사합니다. 아브라함과 하나님의 백성은 하나님과 관계를 맺었고, 여러분도 그러합니다.

은혜언약의 기원

그러면 은혜언약의 기원은 어떠합니까? 제가 서론에서 말씀드린 것처럼, 저는 언약의 역사적 발전과 성경에서의 언약의 다양한 집행에 대해 추적하지 않을 것입니다. 우리가 관심을 갖는 것은 우리가 오늘날 즐기는 은혜언약이 누구에게서 기원했는가의 문제입니다. 그래서 우리는 기원에 대해 말할 때 정말로 누가 그 배후에 있는가의 문제로 가게 됩니다. 이것이 누구의 의도입니까?

벨직 신앙고백 17조는 '언약'이란 단어를 언급하지 않지만, 17조가 말하는 것은 분명히 언약적입니다.

> 우리는 은혜로우신 하나님께서 사람이 이렇게 스스로 육체적이고 영적인죽음에 빠져서, 전적으로 비참하게 된 것을 보셨을 때, 당신의 놀라운 지혜와 선하심으로 사람이 당신께로부터 두려워 떨면서 도망칠 때 그 사람을 찾으신다는 것을 믿습니다. 하나님께서는 사람에게 "내가 너에게 나의 아들을 주어 여자에게서 태어나게 하여(갈4:4), 그가 뱀의 머리를 바수고 너로 복된 사람이 되게 할 것이다."라고 약속하심으로 사람을 위로하셨습니다.

17조는 성경이 창세기 3장에서 말하는 것을 요약하여 죄에 빠짐에 대해 말합니다. 아담과 하와가 고통의 세상에 스스로 빠진 후에 하나님께서는 아담과 하와를 포기하지 않으셨습니다. 하나님께서는 아담과 하와와 당신의 관계, 곧 언약관계를 회복시키려고 하셨습니다. 여기에서 주목해야 할 핵심은 주도권을 가지고 계신 분이 하나님이셨다는 것입니다. 하나님께서 사람을 창조하심에 있어서 주도권을 가지셨던 것처럼, 또한 하나님께서는 사람을 구속하시고 사람과 당신의 관계를 회복시킴에 있어서도 주도권을 가지고 계셨습니다.

그러므로 우리는 은혜언약의 기원이 하나님이라고 주장합니다. 하나님께서는 당신과 맺은 이 은혜의 관계를 시작하신 분이십니다. 하나님께서는 아담과 하와를 찾으셨습니다. 역사가 더 진행하여 하나님께서는 아브라함을 찾으셨습니다. 여호수아 24장에서 우리는 세겜에서의 언약 갱신 의식에 대해 읽습니다. 여호수아는 백성들에게 여호와의 말씀을 선포합니다. 하나님께서는 여호수아 24장 2절과 3절에서 "옛적에 너희 조상들, 곧 아브라함의 아비, 나홀의 아비 데라가 강 저편에 거하여 다른 신들을 섬겼으나 내가 너희 조상 아브라함을 강 저편에서 이끌어

내어 가나안으로 인도하여 온 땅을 두루 행하게 하고 그 씨를 번성케 하려고 그에게 이삭을 주었다."라고 말씀하십니다. 아브라함과 그의 조상들은 우상 숭배자들이었고, 하나님을 찾지 않았습니다. 그러나 아브라함을 찾아오신 분은 하나님이셨습니다. 이런 이유로 "내가 너희 조상 아브라함을 강 저편에서 이끌어 내었다."라고 말합니다. 아브라함이 아니라 여호와께서 은혜롭게도 주도권을 가지셨습니다.

이런 것들은 오늘날 우리에게도 그러합니다. 제 아무리 우리가 하나님과의 이 언약관계 안으로 들어왔을지라도 우리는 그것에 대한 공적이 자신에게 있다고 주장할 수 없을 것입니다. 하나님께서는 우리를 뒤쫓아 당신과 특별한 결속을 가진 이 백성 안으로 우리를 이끄심에 있어서 주도권을 가지고 계십니다.

그 기원은 언약이 은혜언약이라고 불리는 이유의 핵심입니다. 하나님께서는 동산에서 아담에게 찾아오시기 위해서 아담에게 빚을 지지 않으셨습니다. 하나님께서는 책임 아래 있지 않으셨고, 특별히 아담이 뱀에게 경청함으로써 하나님을 모독한 후에도 그러했습니다. 아브라함이 더 나은 것은 없었고, 그는 갈대아 우르에서 자기 조상들과 함께 우상들을 숭배했습니다. 하나님께서는 아브라함을 사랑하여 우상숭배로부터 불러내시도록 어떤 식으로든 강요받지 않으셨습니다. 아브라함은 그럴 자격이 없었습니다. 우리 중 누구도 여호와와 언약관계를 맺을 자격이 없습니다. 우리 스스로는 언약관계를 가질 권리가 없고 하나님께서도 우리와 언약관계를 맺어주셔야 할 책임이 없으십니다. 이것이 언약관계가 은혜언약이라고 불리는 중요한 이유들 중 하나입니다. 하나님께서는 당신의 자비와 인자로 우리는 자격이 없는 관계를 우리에게 주십니다. 하나님께서는 우리를 사랑하시어 "나는 너희 하나님이고 너희는 내 백성이다. 우리에게는 영원한 결속이 있다."라고 말씀하십니다. 그것은 은혜이고 우리는 그 은혜를 놀라워하기를 멈추지 않아야 합니다. 여러분은 이런 방식으로 복을 받는 것이 결코 당연하다고 생각하지 않아야 합니다. 하나님께서 여러분을 당신의 언약백성 안에 포함시켜 주심에 대해 하나님께 감사하고 찬양합시다!

은혜언약에서의 당사자들

저는 이미 이 은혜언약에서의 당사자들이 누구인가를 언급했습니다. 여기에 놀라울 게 없습니다. 한편에는 하나님께서 계십니다. 하나님께서 주도하시어 은혜언약을 맺으셨습니다. 그 다음으로 우리, 곧 하나님의 백성이 있습니다.

그러나 우리는 이것을 더 발전시킬 수 있고 또 그렇게 해야 합니다. 만일 우리가 창세기 17장을 다시 살펴보면, 거기에서 설명되는 그 관계가 하나님과 믿는 아브라함뿐만 아니라 그의 후손들, 곧 그의 자녀들 사이에도 있습니다. 그 영원한 언약은 하나님과 신자의 자녀들을 포함한 신자들 사이의 관계입니다. 신자의 자녀들도 또한 은혜언약에 포함되어 있다는 것을 인정하는 것은 극히 중요합니다.

그러면 어떤 분은 "글쎄요. 그것은 구약에서 유대인들을 위한 것이었습니다. 오늘날 그리스도인들에게 있어서는 다릅니다. 오늘날은 새 언약 안에 있고, 새 언약은 오직 하나님과 신자들 사이에만 있고, 신자의 자녀들은 포함되지 않습니다."라고 말할 것입니다. 저는 이에 응답하여 여러분에게 에베소서 6장을 주목할 것을 요구합니다. 에베소서 6장에서 바울은 에베소 교회의 자녀들에게 말합니다. 바울이 그 자녀들에게 말하는 방식은 상당히 주목할 만합니다. 바울은 에베소서 6장 1절에서 "자녀들아, 너희 부모를 주 안에서 순종하라. 이것이 옳으니라."라고 말합니다. 그 다음으로, 바울은 이어지는 구절에서 제 5계명과 그 약속에 호소하여 "이는 네가 잘 되고 땅에서 장수하리라."라고 말합니다. '언약의 열 말씀'은 에베소 교회의 자녀들에게 적용됩니다. 여러분은 이전에 이것을 주목해 보신 적이 있으십니까? 바울은 왜 이렇게 기록합니까? 그 이유는 에베소 교회 안에의 자녀들이 언약 안에 포함되기 때문입니다. 바울은 언약 백성인 그 자녀들에게 언약의 율법과 언약의 약속을 가지고 호소할 수 있는데, 이는 그들이 언약의 자녀들이기 때문입니다.

그러므로 우리는 은혜언약이 신자들과 그 자녀들과 맺은 것이라고 주장합니다. 은혜언약 안에서 당사자들은 하나님과 그리고 또 신자들과 그 후손들입니다. 하지만 언약 안에 포함된 다른 누군가가 있고 우리는 그분을 잊을 수 없습니다. 이 은혜언약에서 그분의 개입은 극히 중요한데, 이는 그 개입이 선한 방식으로 기능을 하기 때문입니다. 은혜언약 안에는 중보자가 있습니다.

본성적으로, 인간인 우리는 하나님과 전쟁을 합니다. 원래 성령님 없이 우리는 하나님을 미워하고 하나님께 대항하여 전쟁을 합니다. 이는 거룩하신 하나님께서 우리와 우호적인 관계로 있는 것을 불가능하게 합니다. 우리는 중보자, 곧 그 관계 안에서 당사자들을 화해시키시는 분이 필요합니다.

그 화해시키는 일은 예수 그리스도께서 우리를 위해 하시는 일입니다. 히브리서 8장에 따르면, 예수님은 우리가 오늘 경험하고 그 아래에서 사는 언약집행의 중보자이십니다. 그리스도께서는 우리 죄를 속죄할 수 있는 제사를 드리기 위해 오셨습니다. 그리스도께서는 하나님의 진노를 돌이킬 수 있는 제사를 드리십니다. 그리스도께서는 우리를 위한 화목제물이 되셨습니다. (화목제물은 진노가 돌이켜지고 호의가 회복되었다는 것을 의미합니다.) 우리는 그리스도의 구속사역으로 하나님과 화해하게 되었습니다. '화해하게 되다.'라는 말은 호의적인 우호관계를 말합니다. 그 호의적인 관계는 언약의 관계입니다.

그래서 또한 우리는 언약의 중보자를 살펴볼 때에 이것이 정말로 은혜언약이라는 것을 이해하게 됩니다. 이것은 복음에 대해 우리에게 말합니다. 우리에게는 거룩하신 하나님과 죄악된 백성 사이에 건강한 관계를 만들어 주시는 구주께서 계십니다. 그것은 우리에게 달려 있지 않고 하나님께 달려 있습니다. 중보자 그리스도 없이는 은혜언약은 있을 수 없습니다. 우리의 창조주와 평화의 관계도 있을 수 없습니다.

저는 이 사실을 명심하면서 여러분이 믿음으로 우리의 중보자를 계속해서 찾으라고 촉구하고 싶습니다. 그 중보자가 없이 이 관계는 설립될 수 없습니다. 그 중보자가 없이 이 관계는 건강한 방식으로 계속될 소망이 없습니다. 여러분은 은혜언약 안에서 예수 그리스도가 필요합니다. 은혜언약은 마치 여러분이 예수 그리스도 대신에 언약을 가질 수 있다는 듯이 예수 그리스도를 대신하지 않습니다. 차라리, 언약은 그리스도께 달려있고 여기에서도 또한 우리는 반드시 예수 그리스도가 필요합니다. 우리는 어쨌든 자기 자신을 바라보지 않아야 하고 우리 구주만 바라보아야 하는데, 이는 모든 것이 우리 구주께 달려 있기 때문입니다.

우리가 이 장의 결론을 맺으면서 우리가 배운 것을 복습해 봅시다. 언약의 본질은 관계입니다. 언약의 기원은 하나님께 있습니다. 따라서 우리는 은혜언약에 대해 말합니다. 언약 안에서 당사자들은 중보자로서의 그리스도와 더불어 하나님, 신자들, 그 자녀들입니다. 우리는 지금 그 의도를 묘사해 보았고 이제 더 자세히 은혜언약을 살펴보기 위해 진행할 수 있습니다.

숙고와 토론을 위한 문제들

1. 은혜언약을 왜 행위-구원의 또 하나의 형태로 만들려는 유혹이 끊임없이 있습니까?

2. 은혜언약 안에서 성령님의 역할은 무엇입니까?

3. 은혜언약을 법적인 협정 혹은 계약으로서 말하는 것과 연관된 몇 가지 잠재적인 위험이 무엇입니까?

4. 위에서 주목한 것처럼, 은혜언약 안에서의 당사자들은 중보자로서의 그리스도와 함께 하나님과 또 신자들과 그 자녀들입니다. 은혜언약이 우리를 둘러싼 창조세계에 대해서는 어떤 중요성이 있습니까?

5. 여러분은 다음 진술을 어떻게 평가하시겠습니까? "우리 교회들에서 우리는 언약에 대해 덜 말하고 복음에 대해 더 말해야 할 필요가 있습니다."

"내가 너희의
하나님이 될 것이다."

AN EASY INTRODUCTION
TO THE COVENANT OF GRACE

제 2 장

약속과 책임

성경: 고후 6:1~ 7:1
신앙고백: 하이델베르크 교리문답 94문답

이 장에서 우리는 언약관계가 작동하게 하는 조건을 살펴보기를 원합니다. 하나님과 당신 백성 사이에 있는 이런 관계의 틀은 무엇입니까? 이 관계의 틀은 우리가 약속과 책임이라는 친근한 단어를 만나는 지점입니다. 이런 단어들은 어디에서 옵니까? 여러분이 정말로 놀랄 일이지만 우리는 우리 신앙고백서들 어디에서도 이런 단어들을 발견하지 못합니다. 이런 단어들은 하이델베르크 교리문답 혹은 벨직신앙고백서, 혹은 도르트신경에서 발견되지 않습니다. 어떤 분들은 그런 개념이 몇 가지 방식으로 나타나지만 그 정확한 단어들은 나오지 않는다고 논의할 것입니다. 그 정확한 단어들은 우리의 ^(유아와 성인) 세례 예식서에서 나옵니다. 우리의 세례 예식서는 둘 다 성례에 대한 성경적 가르침의, 오랜 세월에 걸쳐 입증되고 형태가 잘 갖추어진 개관을 제시합니다. 우리는 "모든 언약은 약속과 책임이라는 두 부분을 포함하고 있다."라고 읽습니다. 이는 정확하게 옳은 말입니다. 이는 우리가 이 장에서 살펴보아야 할 것입니다. 하나님께서 은혜언약 안에서 무엇을 약속하셨습니까? 은혜언약 안에서 우리에게 무엇이 기대됩니까?

은혜언약의 약속

우리는 하나님과 하나님께서 우리에게 은혜롭게 약속해 주신 것으로 시작합니다. 지난 장에서, 저는 우리가 이 교리에 관한 한 할 수 있는 대로 단순하게 하기를 원한다고 말씀드렸습니다. 은혜언약 안에서 하나님의 약속에 관한 한, 우리는 한 문장, 곧 "내가 너희 하나님이 되고 너희가 내 백성이 될 것이다."라고 요약할 수 있습니다. 이 단어들은 언약관계와 연관하여 전체 성경에 걸쳐서 발견됩니다.[1] 이 단어들은 또한 고린도후서 6장에서도 발견됩니다.

> 16 하나님의 성전과 우상이 어찌 일치가 되리요?
> 우리는 살아 계신 하나님의 성전이라. 이와 같이 하나님께서 가라사대
> "내가 저희 가운데 거하며 두루 행하여 나는 저희 하나님이 되고 저희는 나의 백성이 되리라." 하셨느니라.
> 17 그러므로 주께서 말씀하시기를
> "너희는 저희 중에서 나와서 따로 있고
> 부정한 것을 만지지 말라.
> 내가 너희를 영접하여
> 18 너희에게 아버지가 되고
> 너희는 내게 자녀가 되리라.
> 전능하신 주의 말씀이니라." 하셨느니라.

---

1 예를 들면, 출6:7, 렘7:23, 렘11:4, 렘30:22, 겔36:28.

바울은 레위기 26장 12절 "나는 너희 중에 행하여 너희 하나님이 되고 너희는 나의 백성이 될 것이니라."라는 말씀에서 인용했습니다. 바로 여기 이 말씀에서 여러분은 기본적으로 하나님께서 언약 안에서 약속하신 것이 무엇인가를 알게 됩니다. 하나님께서 우리 하나님이 되실 것을 약속하시고, 또 하나님께서 우리가 당신의 백성이 될 것을 약속하십니다. 하나님께서는 우리에게 당신 자신을 약속하시고, 하나님께서는 당신께서 우리의 것이 되시고, 우리가 당신의 것이 될 것을 약속하십니다. 하나님께서는 당신 자신과 우리 사이에 영원한 결속 혹은 연결, 곧 교제와 사랑의 결속을 약속하십니다.

그러나 우리는 이런 기본적인 요약 이상으로 더 나갈 수 있습니다. 실제로, 여러분은 어째서 그렇게 하기를 원하지 않겠습니까? 확실히 여러분은 하나님께서 언약 안에서 우리에게 약속하신 것에 대해 더 듣기를 원합니다. 결국 이것은 전적으로 복음의 은혜입니다. 이 복음은 모두 신자들에게 아름답고 위로를 주는 것입니다. 그래서 저는 하나님께서 우리 하나님이 되신다는 것이 의미하는 바가 무엇인가와 하나님께서 우리가 당신 백성이 될 것이라고 약속하신 것이 의미하는 바가 무엇인지를 설명할 것입니다.

우리는 하이델베르크 교리문답의 도움으로 이에 대해 설명할 수 있습니다. 제가 언급한 것처럼, 정확하게 '약속과 책임'이라는 두 단어는 교리문답에서 결코 사용되지 않았습니다. 하지만 약속 그 자체는 분명히 교리문답에 있습니다! 우리는 제 7주일에서 21문답에서 참 믿음에 대해 듣습니다. 그 다음으로, 22문답은 계속해서 이렇게 질문합니다. "그러면 그리스도인은 무엇을 믿어야 합니까?" 그 답은 이러합니다. "복음에서 우리에게 약속하신 모든 것을 믿어야 합니다. 그 복음은 우리의 보편적이고 의심할 여지없는 기독교 신앙의 조항들에서 요약해 우리에게 가르치는 것입니다."

이 답은 좋은 답이지만, 여러분은 마음속으로 '이 답이 은혜언약과 무슨 관계가 있는가? 곧바로 당신은 언약의 약속에 대해 말하고, 그 다음으로 복음에서 우리에게 약속된 모든 것에 관해 말해 버린다. 이것은 도약이 아닌가?'라고 생각할 것입니다. 그렇지 않습니다. 이것은 전혀 도약이 아닙니다. 은혜언약의 약속은 복음의 약속입니다. 하나님께서 은혜언약에서 우리에게 약속하신 것은 모두 복음과 밀접한 관련이 있는 것입니다.

확실히 이것은 우리 교리문답의 주 저자인 자카리아스 우르시누스 Zacharias Ursinus가 모든 것을 보았던 방식입니다. 지난 장에서 언급한 것처럼, 하이델베르크 교리문답은 먼저 아이들을 위해 기록되었습니다. 우리 교리문답은 팔쯔 Palatinate로 알려진 독일어를 말하는 지역의 아이들을 가르치기 위해서 기록되었습니다. 그러나 우르시누스는 또한 다른 두 교리문답을 작성했습니다. 그의 대 교리문답은 신학교 학생들의 교육을 위해 사용되었습니다. 그의 대 교리문답은 하이델베르크 교리문답의 기본적인 구조를 따릅니다. 그의 대 교리문답은 또한 하이델베르크 교리문답의 가르침들 중 몇 가지를 더 상세히 다룹니다. 우르시누스의 대 교리문답의 35문답은 이렇게 쓰여 있습니다.

질문: 복음은 무엇을 가르칩니까?

답: 복음은 하나님께서 은혜언약에서 우리에게 약속하신 것, 우리가 그 언약 안으로 받아들여지는 방식, 우리가 그 언약 안에 있는 것을 아는 방식, 우리가 죄와 사망으로부터 해방되는 방식, 우리가 이 구원을 확신하는 방식을 가르칩니다.[2]

여러분은 아십니까? 복음의 약속은 은혜언약의 약속입니다. 복음은 언약적입니다.

그러면 하나님께서 복음에서 우리에게 무엇을 약속하십니까? 하이델베르크 교리문답의 제 9주일 – 제 22주일에서 제시된 성경적 요약의 도움으로 검토해 봅시다.[3] 이 모든 약속들이 얼마나 아름답고 귀중한지를 기억합시다.

하나님께서는 그리스도 때문에 그것을 약속하셨습니

---

2 Bierma, An Introduction to the Heidelberg Catechism, 168.

3 이 약속들 각각에 대한 성경적 지지에 대해, 언급된 주일들을 참고합시다.

다. 곧 하나님께서 우리의 하나님과 아버지가 되실 것입니다. 하나님께서는 우리의 몸과 영혼을 위해 필요한 모든 것을 우리에게 공급해 주실 것이라고 약속하셨습니다. 하나님께서는 무슨 역경이든지 우리의 선으로 바꾸어주실 것이라고 말씀하십니다.

하나님께서는 이 슬픈 세상에 역경을 보내십니다(제 9주일). 하나님께서는 어떤 피조물도 우리를 당신의 사랑에서 떼어 놓을 수가 없을 것이라고 우리에게 약속하십니다(제 10주일).

하나님께서는 또한 예수님을 통해 당신께서 우리의 모든 죄로부터 우리를 구원하실 것이라고 약속하십니다(제 11주일). 하나님께서는 우리 죄에 대한 형벌이 지불되었고 완전한 순종이 우리를 대신하여 드려졌다는 것을 확실히 하실 것입니다. 하나님께서는 그리스도 안에서 우리가 우리의 구속에 관해 알아야 할 필요가 있음을 우리 모두에게 가르칠 선지자를 주실 것이라고 우리에게 약속합니다. 하나님께서는 그리스도 안에서 우리가 당신의 희생제사로 우리를 구속하시고 하늘에서 당신 앞에서 우리를 위해 영원히 중보하시는 제사장을 주실 것이라고 약속하십니다. 하나님께서는 당신의 말씀과 성령으로 우리를 다스리시고 우리의 구원 안에서 우리를 방어하시고 보존하실 그리스도 안에서 영원한 왕을 주실 것이라고 우리에게 약속하십니다[제 12주일]. 이런 것들은 참으로 놀라운 약속입니다! 이런 약속들은 은혜로 가득 차 있고 위로와 기쁨을 우리에게 주기 위해서 계획되었습니다.

약속은 계속됩니다. 하나님께서는 우리가 그리스도 안에서 당신의 은혜를 통해 당신의 사랑하는 택한 자녀들이 되리라고 약속하십니다[제 13주일, 33문답]. 우리는 우리가 당신 자신의 소유가 될 수 있도록 예수님의 보배로운 피로 속량 받는다고 약속 받았습니다[제 13주일, 34문답]. 하나님께서는 이것이 장차 있게 될 좋은 위치라고 약속하십니다. 하나님께서는 우리의 원죄가 우리의 중보자의 순결함으로 가려진다고 약속하십니다[제 14주일]. 게다가 하나님께서는 그리스도의 고난당하심에 의해 우리 몸과 영혼이 영원한 진노로부터 구속받는다고 약속하십니다. 하나님께서는 한량없는 선물, 곧 하나님의 은혜, 의, 영생을 우리에게 약속하십니다. 우리는 우리가 마땅히 받아야 할 하나님의 준엄한 심판으로부터 자유롭게 해 주실 것을 약속받습니다. 우리는 우리 위에 놓인 그 저주를 다른 분, 곧 예수께서 지신다고 약속받습니다(제 15주일).

우리는 언약적 복음에서, 우리가 죽을 때에 우리의 죽음이 죗값을 지불하는 것이 아니라 영원히 지속되는 생명으로 들어감을 제공해 주는 것이라는 약속을 받습니다. 하나님께서는 우리의 옛 본성도 또한 치명적인 타격을 당하게 된다고 약속하십니다. 하나님께서는 우리에게 새로운 신분, 곧 우리가 하나님께 감사의 산 제사를 드릴 수 있는 새 본성을 주신다고 약속하십니다(제 16주일).

어떤 약속들이 더 있을까요? 우리는 언약적 복음에서 그리스도께서 당신의 죽음과 부활로 사망을 정복하신다는 약속을 받습니다. 하나님께서는 부활의 소망을, 지금 이미 새 생명을, 나중에 우리 자신의 영광스러운 부활을 우리에게 약속하십니다(제 17주일). 하나님께서는 이 순간에 우리를 대변하는 음성을 하늘에서 가진다고 우리에게 약속하십니다. 우리에게는 우리를 위해 말씀해 주시는 분, 곧 우리의 대언자가 계십니다. 하나님께서는 언젠가 영광 중에 우리를 당신께로 취하실 것을 약속하십니다. 그러나 하나님께서는 지금도 위에 있는 모든 것들을 구할 능력을 우리에게 주시는, 당신의 성령을 약속하십니다(제 18주일). 게다가 하나님께서는 언제가 우리와 당신의 모든 백성을 구원하시기 위해서 다시 오실 것이라고 우리에게 약속하십니다(제 19주일).

또한 성령님과 연관된 약속들도 있습니다. 하나님께서는 우리가 그리스도와 당신의 모든 은덕들에 참여할 수 있도록, 또 우리가 위로 받을 수 있도록 당신의 성령을 주신다고 약속하십니다(제 20주일). 하나님께서는 우리에게 당신의 거룩한 교회와 성도의 교제 안에 한 위치를 주실 것을 약속하십니다. 우리는 복음에서 우리가 그리스도와 교제하며 그리스도의 모든 보화와 선물에 참여할 수 있을 것이라는 약속을 받습니다(제 21주일 54문답과 55문답).

물론 그 다음으로 죄 용서가 있습니다. 하나님께서는

우리에게 우리의 과거, 현재, 미래의 모든 죄를 그리스도를 통해 용서해 주실 것이라고 약속하십니다. 하나님께서는 우리의 모든 죄를 잊기 위해, 바다의 깊은 곳에 우리의 모든 죄를 던지기 위해, 동이 서에서 먼 것같이 우리의 모든 죄를 옮기기 위해 우리의 모든 죄를 제거해 주실 것이라고 약속하십니다. 이는 모두 우리 구주 예수님 덕분입니다(제 21주일 56문답). 또한 우리는 그리스도를 통해, 몸의 부활을 약속받습니다. 하나님께서는 당신의 위대한 날에 우리 몸이 새 하늘과 새 땅에서 영원히 살도록 영광 가운데 부활할 것이라고 약속하십니다(제 22주일 57문답). 우리는 복음에서 영원한 생명 안에서 완전한 복을 약속받습니다. 완전한 복은 아무도 아직 보거나 혹은 들은 적이 없는 것으로 우리에게 제시되며, 그런 복된 상태에서 모든 하나님의 백성들은 영원히 하나님을 찬양할 것입니다(제 22주일 58문답). 이렇게 언약적 복음의 약속과 결속된 많은 부요함이 있습니다! 하나님께서 은혜로 우리에게 제시하신 약속들이 정말로 놀랍지 않습니까?

이제 저는 이 모든 것들이 은혜언약 안에서 모든 개개

인에게 약속되었다는 사실을, 할 수 있는 한 분명히 강조하기를 원합니다. 예외는 없습니다. 이 약속들은 모든 신자들과 그 자녀들, 개개인에게 주어집니다. 언약적 복음의 약속은 이 관계 안에서 한 사람도 빠짐없이 모든 사람에게 널리 나누어집니다.

어떤 사람은 이런 말을 듣고 이렇게 결론을 내립니다. "언약 안에 있는 모든 사람은 반드시 구원받는다. 만일 하나님께서 한 사람도 빠짐없이 모두에게 복음의 약속들을 선포하셨다면, 그때 언약 안에 있는 모든 사람이 구원받아야 한다. 당신은 구원이 자동적이라고 말하고 있는 것이 분명하다." 불행히도, 이것은 언약의 교리가 때때로 심각하게 잘못 해석되는 방식입니다. 일부 사람들은 죄 가운데 사는 것을 정당화시키기 위해서 이런 잘못된 해석을 사용했습니다. 그들은 이렇게 생각합니다. "그럼에도 불구하고 나는 내가 원하는 대로 살 수 있다. 나는 언약의 자녀이다. 하나님께서 나에게 이런 약속들을 주셨고, 나는 그 약속들을 가지고 있다." 이런 생각은 가장 악하고 죄악된 사고방식입니다. 이런 생각은 은혜언약이라는 성경의 교리를 완전히 곡해한 것입니다. 이런 방식으로 생각하는 사람들은 파멸로 인도하는 넓은 길 위에 있습니다.

여러분은 여기에서 주의해서 읽어야 합니다. 여러분이 읽는 것을 잘못 해석하기 쉽습니다. 우리는 약속을 제시하는 것과 약속된 것을 받는 것을 구별해야 합니다.

예를 드는 것이 도움이 될 것입니다. 예는 완전한 설명은 아니지만 핵심요점을 이해시킬 수 있습니다. 만일 제가 만 달러짜리 수표를 여러분에게 주었다고 상상해 봅시다. 그 수표의 다른 이름은 약속 어음입니다. 그 수표는 여러분이 제 은행 계좌에서 만 달러를 받을 것임을 저에게 약속받은 것입니다. 그러나 여러분이 제 수표를 받아서 호주머니에 넣고 잊어버렸다고 생각해 봅시다. 다음 주간에 여러분은 그 바지를 아무렇게나 던져 놓았다가 호주머니에 손을 넣어보면 구겨진 종이 한 장이 있을 것입니다. 그 바지는 세탁기에 들어가서 세탁되었고 여러분은 수표가 그대로 있을 것이라고 확신할 수 없습니다. 여러분은 그 수표를 쓰레기통에 던져 넣습니다.

저는 만 달러의 약속을 제시했습니까? 그렇습니다. 저는 수표를 쓰고 여러분에게 그 약속 어음을 주었습니다.

그러나 여러분은 만 달러를 받았습니까? 그렇지 않습니다. 그 이유는 여러분이 그 수표를 은행으로 가지고 가서 예금하거나 현금으로 바꾸지 않았기 때문입니다. 여러분은 그 수표로 아무것도 하지 않았고, 이렇게 하여 약속된 것을 잃어버렸습니다.

여러분은 이제 차이점을 아시겠습니까? 약속을 제시하는 것과 약속된 것을 받는 것 사이에는 차이가 있습니다. 만 달러짜리 수표를 주는 것과 만 달러를 여러분의 손에 넣는 것 사이에 차이가 있습니다.

이런 일은 은혜언약 안에서도 일어납니다. 하나님께서는 언약 안에 있는 모든 사람에게 언약의 약속을 선포하십니다. 모든 개개인, 이것이 강조되어야 합니다. 그러나 모든 개개인이 언약 안에서 약속된 것, 곧 복을 받지 않습니다. 그것은 언약관계 안에 인간의 책임이 있기 때문입니다. 말하자면, 모든 사람들은 그 수표를 은행으로 가지고 가야 할 필요가 있습니다. 중요한 질문은 "우리가 그것을 어떻게 해야 할까요?"라는 것입니다. 이 질문은 언약의 책임을 생각하게 합니다.

은혜언약의 책임

여기에 위험한 지점이 있습니다. [역주 – 저자는 이제 캐나다에 있는 액티브 패스라는 좁은 수로를 예로 들어서 은혜언약의 책임과 연관된 위험성을 지적하려고 한다.] 밴쿠버 섬Vancouver Island에 가기 위해서, 대부분의 사람들은 밴쿠버Vancouver에서 여객선을 타고 갑니다. 만약에 여러분이 트왓슨Tsawwassen에서 스워츠 베이Swartz Bay로 가려고 한다면, 여객선은 액티브 패스Active Pass라고 불리는 좁은 수로보다는 차라리 이 길을 통과하여 지나갑니다. 이 수로는 한편에는 마인 섬Mayne Island과 다른 편에는 갈리아노 섬Galiano Island이 있는 도그렉dog leg [역주 – 왼쪽이나 오른쪽으로 구부러져 있는 홀]인 엘 자 형 길입니다. 큰 여객선이 액티브 패스를 통과하여 지나가는 것은 쉽지 않습니다. 조타장치를 다루는 사람들은 세심하게 신경을 써야 합니다. 한편 혹은 다른 편에서 난파되기 쉽습니다. 유사한 일은 우리가 언약 안에서의 책임에 대해 논의할 때에 일어날 수 있습니다. [역주 - 저자는 언약 안에서 책임에 대한 극단적인 두 입장을 바다 속에 있는 암초에 비유하여, 언약 안에 책임이 없다고 하는 견해를 불경건의 암초라고 부르고, 언약 안에서 책임을 다하는 것, 곧 언약적 순종이 우리에게 구원을 보장해 준다고 하는 견해를 율법주의의 암초라고 부르면서 이제부터 논의를 전개해 나간다.]

한편으로는, 언약 안에는 책임이 없다는 그런 견해가 있습니다. 여러분은 언약 안에 있고, 자동적으로 구원을 받으며, 어떤 식으로든 원하는 대로 믿고 살 수 있다는 것입니다. 우리는 이것을 불경건의 암초Godless Rocks라고 부를 수 있을 것입니다. 여러분은 언약의 책임에 대한 이 잘못된 견해에 부딪쳐 난파될 수도 있습니다.

다른 한편으로는 하나님의 율법에 대한 여러분의 언약적 순종이 구원을 받을 만하게 해 준다는 그런 다른 견해가 있습니다. 하나님께서는 당신의 일을 행하시고, 여러분은 자신의 일을 행하고, 그 결과로 구원이 있게 된다는 것입니다. 여러분은 하나님의 은혜로 언약 안으로 들어가지만 자신의 신실한 순종의 행위에 의해 머물러 있다는 것입니다. [역자 주 - 아마도 저자는 페더럴 비전이 이렇게 본다고 주장하는 것 같다.]

이런 주장은 언약적 책임에 대한 율법주의적legalistic 견해입니다. 우리는 이것을 율법주의의의 암초Legalistic Rocks라고 부를 수 있습니다. 여러분은 율법주의의 암초에도 또한 부딪쳐 난파될 수 있습니다. 여러분은 도르트신경Canons of Dort에서 요약된 대로 은혜언약을 지지한다고 주장하면서도 자신의 언약의 교리를 통해 일종의 실질적 아르미니우스주의practical arminianism로 맹목적으로 살 수 있습니다. 언약의 책임에 대한 여러분의 이런 견해는 여러분을 본질적으로 아르미니우스주의자, 모순덩어리a walking contradiction로 만들 수 있습니다. 구원은 모두 은혜에 의한 것이지만 여전히 여러분에게 달려 있습니다. [역주 - 저자는 페더럴 비전이 언약의 책임에 대한 율법주의적인 견해를 가지고 있다고 보고, 이런 언약에 대한 입장은 실질적 아르미니우스주의이고, 우리가 '아니다.'라고 부정해도 우리를 아르미니우스주의자로 만들 수밖에 없다고 확신한다. 저자는 언약의 책임을 말하지만 그 책임이 하나님의 일+인간의 일이라는 방식으로 이해되지 않아야 한다고 말한다.]

그래서 한편으로는 불경건의 암초Godless Rocks가 있습니다. 다른 한편으로는 율법주의의 암초Legalistic Rocks가 있습니다. 둘 다 위험하고 파괴적입니다. 우리는 이 두 견해 사이에서 진로를 안전하고 세심하게 조정해야 할 필요가 있습니다. 우리가 어떻게 그렇게 할 수 있습니까?

우리는 먼저 첫 번째 것을 유지함으로써 그렇게 할 수 있습니다. 성경이 첫 번째로 두는 것은 우리가 첫 번째로 두는 것입니다. 하나님 앞에서 인간의 책임과 연관하여, 하나님께서 요구하시는 그 첫 번째 것은 바로 믿음입니다. 하나님께서는 당신의 말씀에서 당신을 받아들이고 당신의 약속을 믿으라고 우리에게 요구하십니다. 여러분은 제가 언약의 약속이 고린도후서 6장 1절에서 하나님께서 "내가 저희 가운데 거하며 두루 행하여 나는 저희 하나님이 되고 저희는 나의 백성이 되리라."라고 말씀하신 것으로 요약될 수 있다고 기술한 것을 기억하십니까? 그렇습니다. 언약의 책임도 또한 그렇게 요약될 수 있습니다. 언약의 책임도 "하나님께서 우리 하나님이 되고 우리가 그의 백성이 되리라."라는 우리의 반응으로 요약될 수 있습니다. 이는 믿음의 반응입니다.

그러나 약속들과 마찬가지로, 우리는 더 깊이 들어갈 수 있고, 또 그렇게 해야 합니다. 하나님께서는 당신을 믿고, 당신의 말씀을 신뢰하며, 특별히 당신의 모든 복음의 약속을 받아들여서 우리 자신의 것으로 만들라고 우리에게 요구하십니다. 이는 정말로 제 1계명이 요점으로 언급하는 것입니다. 우리는 때때로 십계명을 '하나님의 언약의 율법'이라고 부릅니다. 여러분이 알고 있는 것처럼, 하나님의 언약의 율법은 "나는 너를 애굽 땅, 종 되었던 집에서 인도하여 낸 너의 하나님 여호와로라."로 시작합니다. 즉 이 언약의 율법은 은혜와 구원의 말씀으로 시작합니다. 그 다음으로, 이 언약의 율법은 곧바로 제 1계명 "너는 나 외에는 다른 신들을 네게 있게 말지니라."로 이어집니다. 이것은 "하나님께서 우리 하나님이 되고 우리가 그의 백성이 되리라."의 다른 어법입니다. 우리는 다른 어떤 것에도 우리 자신의 신뢰를 두지 않아야 합니다. 우리는 믿음으로 다른 어떤 것을 바라보지 않아야 합니다. 우리는 다른 누구도 의지하지 않고 오직 하나님만 의지해야 합니다.

하이델베르크 교리문답의 94문답에서 제 1계명의 해설은 이런 점에서 탁월합니다.

94문 : 여호와께서 제 1계명에서 요구하는 것은 무엇입니까?

답 : 바로 나의 구원을 위하여 모든 우상숭배, 마술, 미신적 습관, 성인들이나 다른 피조물에게 기도하는 것을 피하고 멀리해야 한다는 것입니다. 더 나아가 유일하신 참 하나님을 바르게 알고, 오직 그분만 신뢰해야 하며, 모든 겸손과 인내로 그분께 복종하고, 오직 그분으로부터 모든 선을 기대하며, 그분을 전심으로 사랑하고 두려워하며 그분께 영광을 돌려야 한다는 것입니다. 간단히 말해서 지극히 작은 일이라도 하나님의 뜻을 거슬러 행하기보다는 차라리 모든 피조물을 포기해야 한다는 것입니다.

우리는 하나님을 대신할 다른 피조물을 멀리할 뿐만

아니라 하나님을 바르게 알고 오직 하나님만 신뢰해야 합니다. 우리는 하나님을 사랑하고 두려워하며 공경하고, 하나님께 복종하며 오직 하나님으로부터만 모든 선을 기대해야 합니다. 이 모든 것은 믿음에 관하여 말하는 다른 방식이고, 믿음을 다른 각도에서 고려한 것입니다. 제 1계명이 우리에게 정말로 요구하는 것은 무엇입니까? 제 1계명은 참된 하나님을 믿으라고 우리에게 요구합니다. 곧 제 1계명은 참된 하나님을 믿고 오직 그 하나님만 우리의 하나님으로 받아들이라고 우리에게 요구합니다. 이는 언약의 책임에 관한 우리의 가장 중요한 출발점입니다. 하나님의 말씀에서 하나님을 받아들이고 하나님을 신뢰하라는 것입니다. 특별히 하나님께서 복음에서 여러분에게 약속하신 모든 것을 믿으라는 것입니다. 예수 그리스도 안에서 하나님께서 여러분이 불가피하게 결속된 여러분의 아버지시라는 것을 믿으라는 것입니다. 하나님께서 "나는 너희 하나님이고 너희는 나의 것이다."라고 말씀하실 때에, 우리의 응답은 "그렇습니다. 여호와여, 당신께서는 제 하나님이시고 저는 예수님을 통해 당신의 것입니다. 저는 당신께서 당신 자신과 저에 대해 말씀하신 것을 믿나이다. 저는 당신의 것이고, 당신께서 나를 구원하셨나이다."라는 것입니다. 알다시피, 믿음은 이를테면 우리가 은행에 수표를 발행받는 방식과 같습니다. 우리는 모두 이 모든 것들이 우리에게 개별적으로 또 개인적으로 이루어진다는 사실을 믿을 때에 복음 안에서 우리에게 약속된 모든 것을 받습니다. 하나님께서는 우리에게 믿으라고 요구하시고, 그 요구를 통해 우리는 은혜언약 안에서 아무것도 자동적인 것이 없다는 사실을 알 수 있습니다. 여러분은 자동적인 방식으로 약속된 모든 것을 받지 않습니다. 여러분은 자신을 위해 하나님을 믿고 이 약속들을 받아들여 믿음으로 자신에게 적용해야 할 필요가 있습니다.

우리가 참된 믿음이 있을 때에 항상 열매가 있게 됩니다. 여러분이 믿음을 통해 참으로 그리스도와 연합하게 될 때에 포도나무에 접붙여지고 열매를 맺게 될 것입니다(요 15:5). 하나님께서는 언약관계 안에서 우리가 당신을 믿고, 당신의 말씀에서 당신을 받아들일 것을 원하시고, 당신을 믿는 자들로부터 이런 열매를 볼 것을 기대하십니다. 이는 하나님께서 그리스도 안에서 당신의 자녀들이 당신께서 복음 안에서 우리의 구원을 위해 약속하신 것뿐만 아니라 거룩 안에서 우리의 성장을 위해 율법에서 명령하신 것을 받아들이기를 원하신다는 뜻입니다. 게다가 은혜언약 안에서 참된 믿음이 있는 자들은 실제로 점점 더 이렇게 행하기를 바랍니다. 그러므로 하나님의 율법에 대한 이런 순종은 우리에게 율법주의적인 책임legalistic obligation을 부과하지 않고 하나님의 은혜에 의해 영향을 받은 마음으로부터 솟아나오는 것입니다. 이런 순종은 하나님의 은혜에 의해 형성된 마음으로부터 나옵니다. 우리는 하나님의 말씀을 읽고 들을 때에 이생에서 이미 하나님 앞에서 점점 더 거룩하게 살기를 원합니다. 참된 믿음은 하나님께서 기대하시는 그런 종류의 열매를 맺습니다. 참된 믿음은 거룩하고 경건한 삶의 열매를 맺습니다.

고린도후서 6장에서, "나는 저희 하나님이 되고 저희는 나의 백성이 되리라."라는 말씀은 특별한 목회적인 문제와 연관하여 나온 말씀입니다. 그 문제는 신자와 불신자의 결혼이었습니다. 물론 이런 결혼은 오늘날도 여전히 있는 문제입니다. 바울은 여호와께서 너희 하나님이시고 너희는 여호와의 백성이라고 말합니다. 너희와 여호와 사이에 결속이 있다고 말합니다. 이 사실을 믿으시고, 그런 다음에 여러분의 삶에서 열매를 맺도록 하십시오. 곧 여러분이 결혼할 사람과 연관하여 이 말씀을 믿고 삶에서 열매를 맺도록 하십시오. 여호와께서 여러분의 하나님이시고 여러분은 그 하나님의 백성이기 때문에, 여러분은 불신자와 멍에를 메지 않게 될 것입니다(결혼하지 않게 될 것입니다). 여러분은 불신자와 결혼할 수 없을 것입니다. 여러분은 불신자들과 낭만적인 관계를 갖지 않을 것입니다. 이는 이렇게 하는 것이 언약의 하나님께서 자신과 그 불신자에 대해 하신 말씀을 따르지 않는 것임을 여러분이 알기 때문입니다. 여기에서 언약은 "내가 원하는 것은 무엇이든지 할 수 있고 구원은 자동적이기에 상관이 없다."로 나타나지 않습니다. 오히려 언약관계는 "나는 여호와께서 은혜롭게도 나와 교제하시고 그리스도 안에서 부요한 약속들을 내게 주셨기 때문에 여호와를 따르기 원하고 여호와를 믿는다."로 나타납니다 언약은 시편 119편 97절이 "내가 주의 법을 어찌 그리 사랑하는지요! 내가 그것을 종일 묵상하나이다."라고 말하는 것으로 인도됩니다.

우리는 성경을 펴서 이에 대해 더 살펴볼 때에 이것도 또한 우리의 삶에서 하나님의 은혜의 사역이라는 것을 깨닫습니다. 하나님께서는 언약의 책임을 주실 뿐만 아니라 우리가 그 책임을 다할 수 있게 해 주십니다. 결국 에베소서 2장 8절에서, 바울에 따르면 믿음은 성령님의 선물입니다. 우리 믿음의 열매(거룩한 삶)도 또한 당신의 말씀과 성령을 통한, 우리 안에서의 그리스도의 사역입니다. 우리가 은혜언약 안에서 인간의 책임의 실제를 주장하지만, 우리는 또한 하나님의 은혜가 이 관계 안에서 일어나는 선한 모든 일 배후에 있다는 것을 인정합니다. 이는 우리가 이 관계를 은혜언약이라고 부르는 이유입니다. 그래서 언약 안에서 '우리가 은혜로 들어가서 행위로 머무는' 문제가 결코 아닙니다. 왜 그렇습니까? 그 이유는 한편으로, 일단 하나님께서 여러분을 언약관계 안에 두셨다면, 여러분은 항상 그 관계 안에 있을 것이기 때문입니다. 그렇다하더라도 이 말은 이 관계가 항상 여러분의 복으로 작용한다는 것을 의미하지는 않으며 항상 현실이라는 것입니다. 다른 한편으로, 이 관계가 여러분의 복으로 작용할 때에 그것은 전적으로 은혜에 의한 것입니다. 하나님의 은혜는 선한 모든 일을 결정합니다. 하나님께서는 여러분에게 언약의 중보자를 주셨고, 여러분이 그 중보자를 붙드는 방편을 주십니다. 곧 하나님께서 믿음의 선물을 주십니다. 그러므로 여러분은 결코 자기 자신에게 어떤 신뢰를 둘 수 없습니다. 모든 영광은 언약관계 안에서 하나님의 것입니다.

하지만 누군가의 마음속에 계속 남아 있는 의문이 있을 것입니다. 만약에 열매가 없다면 어떻게 하겠습니까? 그는 이렇게 말합니다. "내가 내 삶을 바라보고 거룩함을 소원함이 없다면 어떻게 하겠습니까? 나는 그리스도인으로서 성장을 원하지 않고, 성경 혹은 영적인 일들에 관심이 없습니다. 나는 나의 죄에 대해 말하는 것을 좋아하지 않고 변화되기를 원하지 않습니다. 솔직히 말하면, 나는 정말로 교회 가는 것을 별로 좋아하지 않지만 여전히 하나님을 믿습니다." 이런 사람이 은혜언약 안에서 약속된 것을 받을 수 있을까요?

이에 대해 답하기 위해서, 우리는 먼저 요한복음 15장 4-5절에서 그리스도의 말씀으로 가야 합니다.

> ⁴ 내 안에 거하라 나도 너희 안에 거하리라 가지가 포도나무에 붙어 있지 아니하면 절로 과실을 맺을 수 없음같이 너희도 내 안에 있지 아니하면 그러하리라. ⁵ 나는 포도나무요 너희는 가지니 저가 내 안에, 내가 저 안에 있으면 이 사람은 과실을 많이 맺나니 나를 떠나서는 너희가 아무것도 할 수 없음이라.

여러분은 그리스도 안에 있을 때에 열매를 맺습니다. 여러분이 그리스도께로부터 분리되어 있다면 하나님 앞에서 아무런 열매도 맺지 못합니다. 만일 열매가 없다면 그때 여러분은 그리스도 안에 있지 않습니다. 이는 여기에서 우리가 읽는 말씀의 논리적인 귀결입니다. 그리스도께서는 당신을 믿는다고 주장하는 당신 제자들에게 말씀하고 계십니다. 그리스도께서는 믿음의 증거가 그 열매에 있다고 주장하십니다. 참된 믿음이 있는 사람은 모두 몇 가지 열매를 맺을 것이고 점점 더 많은 열매를 맺는 것이 목적입니다. 그러나 만약에 열매가 없다면 또한 그것은 믿음일 수도 없습니다. 만약에 믿음이 없다면 그 사람은 은혜언약 안에서 약속된 것을 받을 수 없습니다. 이는 그들이 언약 밖으로 던져진다는 것을 의미하지 않고, 차라리 그들이 약속된 것을 받지 못하고 언약관계가 그들에게 복이 아니라는 것을 의미합니다. 언약 안에 있음과 불신과 결부된 결과들에 대해 우리는 다음 장에서 살펴볼 것입니다.

우선 바울이 고린도후서 7장 1절에서 말한 것을 주목합시다. 그는 이렇게 말합니다. "그런즉 사랑하는 자들아, 이 약속을 가진 우리가 하나님을 두려워하는 가운데서 거룩함을 온전히 이루어 육과 영의 온갖 더러운 것에서 자신을 깨끗케 하자." 적용이 어떻게 이 약속에 이어지는가를 주목합시다. 우리는 이 약속들을 듣고 믿으며, 그런 다음에 그에 따라 살기를 원합니다. 우리는 하나님의 말씀에 따라 거룩하게 살게 되기를 원합니다. 그런 소원이 없을 때에 우리는 히브리서 12장 14절의 경고를 들어야 할 필요가 있습니다. "모든 사람으로 더불어 화평함과 거룩함을 좇으라. 이것이 없이는 아무도 주를 보지 못하리라."

여러분은 결코 거룩함이 없이는 주를 보지 못할 것입니다. 이는 매우 분명합니다. 개인적인 거룩함은 어디에서 시작합니까? 믿음, 곧 주님의 약속들을 믿는 것으로 시작합니다. 개인적인 거룩함에는 항상 참된 믿음의 열매가 있습니다. 심지어 가장 작은 정도라도 개인적인 거룩함은 결코 그리스도를 믿는 참된 믿음과 분리하여 존재하지 않습니다. 만약에 열매가 없다면 믿음도 없습니다. 만약에 믿음이 없다면 언약의 복들도 없습니다.

독자들은 각각 개인적으로 하나님께서 복음에서 약속하신 것을 붙잡아야 합니다. 이는 첫 번째이고 우선적인 것입니다. 언약 안에는 자동적인 것이 아무것도 없다는 사실을 놓친 사람들을 위해 한 번 더 이 사실을 말하겠습니다. 여러분은 언약 안에서 믿는 부모에게서 태어났기에 구원받는 것이 아닙니다. 만일 여러분이 계속 죄 가운데 산다면, 여러분은 언약의 자녀이든지 아니든지 지옥으로 갈 것입니다. 여러분은 자신의 죄를 회개하고 언약의 중보자를 믿고 오직 그분만을 의지하고 신뢰하는 믿음 안에서 예수 그리스도께로 돌이킬 때 구원을 받게 될 것입니다. 하나님께서는 "나는 너희 하나님이고, 너희는 내 백성이다."라고 말씀하셨습니다. 그 하나님을 믿읍시다. 그 하나님과 동행합시다.

숙고와 토론을 위한 문제들

1. 모든 교회 회원 (가장 어린 아이부터 가장 나이 많은 사람까지 모두, 신자와 불신자/위선자, 택자와 유기자)은 은혜언약에 포함되고, 그러므로 모든 약속을 받는 자라는 진술을 성경으로부터 입증하십시오.

2. 오늘날 불경건의 암초Godless Rocks 혹은 율법주의의 암초 Legalistic Rocks, 중 어느 쪽이 더 위험한 위협입니까? 왜 그렇습니까? 우리가 어떻게 여러분이 가장 위험한 것으로 밝힌 쪽을 다룰 수 있습니까?

3. 우리는 믿음이 무엇보다 우선적인 언약의 책임이라는 사실을 살펴보았습니다. 여러분은 어떻게 믿음이 최우선이지만 그 다음으로 믿음의 개념 안에율법에 대한 순종을 포함해야 한다는 주장에 동의하는 접근을 평가할 수 있습니까?

4. 은혜의 방편(설교와 성례들)과 은혜언약의 약속과 책임 사이에 어떤 연관성이 있습니까? 이 연관성은 왜 중요하고 여러분의 삶과 무슨 관계가 있습니까?

5. "은혜언약은 그 기원에 있어서 일방적이고 그 유지에 있어서는 쌍방적이다."라는 말이 있습니다. 이 말은 정확한 진술입니까? 왜 그렇습니까? 혹은 왜 그렇지 않습니까?

"내가 너희의
하나님이 될 것이다."

AN EASY INTRODUCTION
TO THE COVENANT OF GRACE

제 3 장

은혜언약 안에서 죽는 것과 사는 것

성경: 히 12장
신앙고백: 하이델베르크 교리문답 제 31주일

저는 이제 지금까지 우리가 배운 것을 간단하게 다시 살펴보겠습니다. 제 1장에서, 우리는 언약의 본질이 관계라는 사실을 살펴보았습니다. 신자들과 그들의 자녀들은 하나님과 언약 관계 안에 있습니다. 그리스도께서는 이 관계의 중보자이십니다. 이 관계가 건강한 방식으로 작동을 하는 것은 오직 중보자의 중보를 통해서입니다. 죄악된 백성이 거룩하신 하나님과 평화로운 관계 안에 있고 하나님의 복들을 받게 될 수 있는 것은 오직 예수님을 통해서입니다 지난 장에서 우리는 더 나아가서 은혜언약 안에서 약속과 책임에 대해 배웠습니다. 약속과 책임 둘 다 전체 성경에서 발견되는 표현, 곧 "내가 너희 하나님이 되고 너희는 내 백성이 되리라."라는 표현으로 요약될 수 있습니다. 이것은 더 자세히 살필 수 있을 것입니다. 언약의 약속은 복음에서 우리에게 약속된 모든 것입니다. 무엇보다 먼저 언약의 책임은 하나님과 예수 그리스도 안에서 하나님의 약속을 신뢰하는 믿음입니다. 언약 안에는 자동적인 것이 아무것도 없습니다. 하나님의 백성은 하나님을 믿고 하나님의 말씀에서 하나님을 받아들이라는 요구를 받습니다. 저는 수표의 예를 사용했습니다. 여러분이 수표를 현금으로 바꾸지 않으면 수표에 약속된 금액을 받지 못합니다. 유사하게 은혜언약 안에서 여러분은 이를테면 수표를 현금으로 바꾸어야 합니다. 여러분이 그렇게 하는 방법, 약속된 것을 받는 방법은 믿음을 통해서입니다. 게다가 우리가 아는 것처럼, 참된 믿음은 항상 거룩한 삶 안에서 열매를 맺을 것이고, 또 반드시 열매를 맺어야 합니다. 이는 하나님께서 당신의 언약백성에게서 보기를 기대하시는 것입니다. 하나님께서는 당신께서 약속하신 것을 믿고, 그 다음으로 경건의 열매를 맺는 사람을 보기를 원하십니다. 이제 이 장에서 우리는 계속해서 더 많이 배우고 더 연구할 것에 대해 살펴볼 것입니다.

이 장에서 이해해야 할 중요한 사실은 은혜언약 안에 하나님과 연관된 두 가지 길이 있다는 것입니다. 첫 번째는 믿음의 길, 곧 생명과 복에 이르는 길입니다. 다른 길은 불신앙의 길입니다. 이는 사망과 저주에 이르는 길입니다. 하나님께서는 당신의 말씀에서 우리 앞에 이 두 길을 모두 제시하십니다. 말하자면, 한 길은 우리를 유혹하고 꾀며 우리에게 구애하기까지 합니다. 다른 길은 우리에게 경고하고 심지어 우리를 위협하기까지 합니다.

사망과 저주에 이르는 길

사망과 저주에 관해 읽은 것은 그렇게 기쁜 것 같아 보이지 않습니다. 하지만 아마도 이 메시지를 듣고 싶어 하는 일부 독자들이 있을 것입니다. 아마도 이 책을 읽고 있는 일부 독자들은 현재 불신앙 가운데서 회개하지 않고 살고 있을 것이고, 오늘은 하나님께서 그들을 깨우시는 그 날입니다. 아마도 이는 사망의 길에서 살고 있는 어떤 사람이 최종적으로 더 나은 길, 곧 생명과 복의 길로 자기를 부르시는 하나님의 음성을 듣는 순간일 것입니다. 이런 중요한 일들에 대해 침묵하는 것은 '잔인한 친절'입니다.

제 31주일은 분명히 언약 안에서 하나님과 연관된 두 길을 요약하는데, 특별히 84문답에서 요약됩니다.

84문 : 복음 설교를 통하여 천국이 어떻게 열리고 닫힙니까?

답 : 그리스도의 명령에 따라 하나님께서 정말로 그리스도의 공로 때문에 신자들이 참된 믿음으로 이 복음의 약속을 받아들일 때마다 모든 신자들의 죄를 용서해 주셨다는 사실이 신자들 전체나 개개인에게 선포되고 공적으로 증거될 때 천국이 열리게 됩니다. 모든 믿지 않는 자와 위선자에게 하나님의 진노와 영원한 정죄가, 그들이 회개하지 않는 한, 그들 위에 머문다는 사실이 선포되

고 증거될 때마다 천국이 닫힙니다. 이러한 복음의 증거에 따라서 하나님께서는 이 세상과 오는 세상에서 심판하실 것입니다.

하나님과 연관된 두 길은 우리가 여기에서 고백하는 내용에서도 발견됩니다. 복음이 설교될 때에 사람들은 반응합니다. 하나님의 말씀의 설교에 대한 반응이 항상 있습니다. 때때로 그 반응은 좋습니다. 사람들은 처음에 설교를 들을 때에 듣고 있는 것처럼 그 설교를 받아들입니다. 그러나 때때로 그 반응은 나쁩니다. 곧 일부 사람들은 설교를 들을 때 심지어 좋아하는 것처럼 보이려고 노력도 하지 않는 반면에, 다른 사람들은 설교를 들을 때 듣고 있는 것처럼 보이지만 마음이 다른 어떤 곳에 가 있습니다. 때때로 그 반응은 다양합니다. 하지만 어떤 종류의 반응이든 항상 있습니다. 아무도 한 길 혹은 다른 길에 대한 어떤 반응도 없이 복음의 설교로부터 도망치지 않습니다.

슬프게도 복음 설교를 듣는 사람들이 있지만 그들은 믿고 회개하지 않습니다. 우리 신앙고백에 따르면, 그들이 하나님의 진노 아래 있다는 것은 교회 안에서 믿지 않는 자와 위선자로 선포되고 증거된다는 것입니다. 그들은 자신들 위에 머무는 영원한 정죄를 가지고 있습니다. 하나님께서는 그들의 재판관이 되실 것입니다. 설교자들은 하나님의 말씀의 엄숙한 경고를 제시할 것을 요구받습니다. 만일 여러분이 장차 임할 진노로부터 구원을 받으려면, 여러분은 자기 죄에서 떠나서 믿음 안에서 예수께로 돌아가야 할 필요가 있습니다. 만일 여러분이 그렇게 하지 않는다면, 여러분이 죄 가운데 머물러 있다면, 여러분은 지옥으로 갈 것입니다. 그리스도를 믿는 참된 믿음이 없이 여러분은 하나님의 진노 아래에서 영원한 의식적인 고통에 맞닥뜨릴 것입니다.

언약의 자녀가 되는 것은 여기에서 극적으로 변하는 것이지만 그렇다고 더 나은 쪽으로 변하는 것은 아닙니다. 만일 여러분이 믿는 부모들에게서 태어났다면, 여러분은 은혜언약 안에 있습니다. 하나님께서는 여러분에게 많은 놀라운 일들을 약속하셨습니다. 그러나 현실은 언약 안에 있는 일부 사람들이 하나님을 거절하고 경멸합니다. 그들은 자신들에 대한 하나님의 약속과 하나님의 요구를 외면합니다. 그들은 이렇게 말합니다. "나의 세례에서, 당신께서는 공적으로 내가 당신의 것이라고 말씀하셨습니다. 그러나 나는 내가 나의 것이라고 말합니다. 나는 당신의 길이 아니라 나의 길을 따라 살 것입니다. 나는 당신의 약속들을 믿지 않을 것입니다. 나는 나 자신의 길을 따라 갈 것입니다. 하나님이여, 나는 정말로 당신과 아무런 관계가 없기를 바랍니다." 경우에 따라서 이렇게 말하는 사람은 모든 것을 버리고 떠납니다. 그들은 교회를 떠나서 경솔하게 죄의 삶에 빠집니다. 그들은 불신앙 가운데서 어떤 종류의 일관성을 가지려고 노력합니다. 어쨌든, 왜 주일에 교회로 가서 심지어 믿지도 않는 메시지를 듣는데 여러분의 시간을 허비하십니까? 하지만 다른 사람들은 단단히 매달려 있습니다. 이유야 어떠하든지, 비록 불규칙적일지라도 그들은 계속해서 교회로 갑니다. 그들은 계속해서 교회의 회원이 될 것이고, 적어도 문서상은 그러할 것입니다. 아마도 그들은 자기 부모들 혹은 조부모들을 기쁘게 해 드리기 위해서 그렇게 할 것입니다. 그러나 현실은 그들의 마음이 하나님께 돌같이 차갑다는 것입니다. 사적으로 혹은 비기독교인 친구들과 더불어 이 사람은 죄 가운데 살고 정말로 불신자처럼 행동합니다. 그들은 교회 안에 정회원으로 남아 있을 수 있도록 충분히 잘 가릴 것입니다. 하지만 하나님께서는 그 마음을 아십니다 (눅 16:15). 하나님께서는 보고 아십니다. 게다가 하나님은 판단하실 것입니다. 예수께서 누가복음 12장 48절에서 "많이 맡은 자에게는 많이 달라 할 것이니라."라고 강조하여 말씀하신 것과 같습니다.

이는 하나님께서 보통의 평범한 불신자보다 훨씬 더 가혹하게 불신앙 가운데 사는 언약의 자녀를 심판하실 것이라는 뜻입니다. 이 가르침은 또한 히브리서 전체에 걸쳐서 분명합니다. 12장 24절에서, 히브리서 저자는 자기 독자들에게 '아벨의 피보다 더 낫게 말씀하시는' 하나님을 거부하지 말라고 경고합니다. 소멸하는 불이신 하나님께서는 하늘로부터 우리에게 경고하시고 믿음을 요구하십니다. 만일 우리가 그 하나님을 거부한다면 심각한 결과들이 있게 될 것입니다. 히브리서에서 이보다 이전에 이에 대해서 더 상세히 다루었습니다. 히브리서 6장에서 저자는 만일 여러분이 타락하여 믿기를 거부하면, 여러분은 하나님의 아들을 다시 십자가에 못 박고 현저히 욕을 보이는 것이라고 말합니다. 여러분이 예수님의 얼굴에 침을 뱉는 것인데, 이는 정말로 무서운 일이라고 합니다. 우리는 이것이 언약적 저주의 길이라는 경고를 받습니다.

이런 무서운 일은 유대인들이 예수님에게 행한 일입니다. 이 언약 백성들은 예수님의 설교를 들었고, 다음으로 사도들의 설교를 들었습니다. 일부 유대인들은 믿었지만, 많은 유대인들은 복음의 부르심을 거부했습니다. 마태복음 11장에서, 그리스도께서는 언약 백성 가운데서 이 불신앙을 말씀하셨습니다. 저와 여러분과 같은 언약백성의 도시들, 곧 고라신과 벳세다와 가버나움과 같은 도시들이 있었습니다. 그들은 회개하지 않았습니다. 그들은 자기 죄에서 돌이켜서 예수님을 믿기를 거부했습니다. 이는 우리가 마태복음 11장 23-24절에서 예수님의 매우 중요한 말씀을 발견하는 곳입니다.

가버나움아, 네가 하늘에까지 높아지겠느냐? 음부에까지 낮아지리라. 네게서 행한 모든 권능을 소돔에서 행하였더면 그 성이 오늘날까지 있었으리라. 내가 너희에게 이르노니 심판 날에 소돔 땅이 너보다 견디기 쉬우리라 하시니라.

이 말씀은 무거운 말씀이고 여러분은 이 말씀의 무게를 느낄 필요가 있습니다. 우리는 유다서 7절의 관점에서 이 말씀을 들어야 할 필요가 있습니다. "소돔과 고모라와 그 이웃 도시들도 저희와 같은 모양으로 간음을 행하며 다른 색을 따라가다가 영원한 불의 형벌을 받음으로 거울이 되었느니라." 소돔은 죄의 도시로, 비정상적인 욕망이 제멋대로 행해지는 곳으로 유명했습니다. 오늘날의 미국 샌프란시스코San Francisco와 비교될 것입니다. 예수님은 이렇게 말씀하십니다. "너희들은 소돔이 그 부도덕에 대해 형벌을 받게 될 것이라고 생각하지 않느냐? 그것은 너희 믿지 않는 언약백성이 회개하고 믿지 않으면 맞닥뜨릴 것에 비하면 아무것도 아니다."

좀 더 솔직히 말하면, 예수님은 소돔보다 훨씬 더 악한 죄가 있다고 말씀하십니다. 동성애의 행위보다 하나님께서 보시기에 훨씬 더 악한 것이 있습니다. 그것은 언약의 자녀가 되고 그런 다음에 불신앙 가운데 사는 것입니다. 동성애의 삶의 방식으로 사는 것보다 훨씬 더 악한 것은 언약의 회원이 되고, 그런 다음에 죄 가운데 살고, 결코 회개하지 않으며, 결코 돌이키지 않는 것입니다. 그런 사람은 마지막 심판 때에 훨씬 더 가혹한 처벌을 받을 것입니다. 하나님께서는 당신의 약속들을 듣고, 그런 다음에 그 약속들을 경멸하고 비난하는 자들에게 쌓일 진노에 대해 특별한 척도를 가지고 계십니다.

여러분은 때때로 자기 자녀 때문에 애를 태우고 마치 일어날 가능성이 있는 가장 악한 일인 것처럼 자기 자녀들이 게이(gay)가 될 것인지 아닌지를 고민하는 기독교인 부모들에 대해 듣습니다. 예수님이 마태복음 11장에서 말씀하신 것은 기독교인 부모들이 훨씬 더 큰 관심을 가져야 하는 것입니다. 동성애의 매력을 경험한 적이 있는 그리스도인은 그 유혹과 싸울 수 있습니다.[1] 그들은 하나님의 복음의 약속들 때문에 하늘에 매일 수 있습니다. 그것은

---

1 이 주제에 도움을 주는 책은 샘 앨버리(Sam Allberry)의 God anti-gay? 그리고 other questions about homosexuality, th Bible, and same-sex attraction (Epsom, UK: The Good Book Company, 2013)입니다.

세상의 끝이 아닙니다. 기독교인 부모들은 자기 자녀들이 언약의 약속들을 가지고 행하는 것에 훨씬 더 관심을 가져야 합니다. 만일 여러분이 부모라면, 여러분은 자기 자녀들이 이 약속들을 받아들이기 위해서 믿음의 선물을 받도록 끊임없이 기도해야 할 것입니다. 여러분은 자기 자녀들 중 아무도 위선자 혹은 믿지 않는 자가 되어 무서운 언약의 저주를 받지 않도록 기도해야 할 것입니다. 여러분은 자기 자녀들의 세례가 심판의 날에 그들에게 불리하게 증거하지 않도록 기도해야 합니다.

여러분도 알다시피, 은혜언약 안에는 사망의 길이 있습니다. 만일 여러분이 여호와를 거부한다면, 이는 하나님께서 여러분을 외면하고 그냥 떠나신 것과 같은 것이 아닙니다. 하나님께서는 여러분이 불신앙으로 하나님을 비난할 때 인격적으로 그 비난을 받아들이시고, 또 그렇게 하셔야 했습니다. 여러분은 하나님께서 정확하게 그렇게 행하실 것을 기대할 것입니다. 하지만 하나님께서는 또한 사랑의 하나님이시기도 합니다. 하나님께서는 사랑으로 당신 자녀들에게 이 경고들을 하십니다. 하나님께서는 이렇게 말씀하십니다. "불신앙의 길로 가지 말라. 심지어 불신앙의 길과 시시덕거리지도 말라. 그것은 사망의 길이다. 그 길에서 멀리 떠나 있으라." 이는 사랑의 아버지께서 행하시는 일입니다. 아버지께서는 당신 자녀들에게 위험에 대해 경고하십니다. 심지어 아버지께서는 당신 자녀들을 위협하십니다. "만일 너희들이 그 길을 따라 걸어간다면, 절벽이 있을 것이고, 너희가 파멸로 가는 것이다. 그 길은 너희를 영원히 멸할 것이다." 아버지의 경고를 들으시기 바랍니다. 사망의 길에서 돌이켜서 은혜언약 안에 있는 생명의 길로 갑시다.

생명과 복의 길

하나님께서는 우리 모두가 생명의 길로 가고 계속해서 그렇게 하기를 원하십니다. 하나님께서는 우리가 은혜언약 안에서 당신과 연관된 더 나은 길을 찾아 그 길로 계속 나아가기를 원하십니다. 여러분이 이렇게 말하는 것은 그 길에서입니다. "그렇습니다. 그분은 나의 하나님이시고 나는 그분의 자녀이고, 그분 백성의 부분입니다. 그분은 사랑 안에서 나와 결속되어 있고 나는 사랑 안에서 그분과 결속되어 있습니다." 그것은 믿음과 복의 길입니다.

만일 우리가 잠시 제 31주일로 돌아가서 생각해 보면, 우리는 84문답에서, 특별히 첫 번째 단락에서 이 길이 묘사된 것을 봅니다.

> 그리스도의 명령에 따라 하나님께서 정말로 그리스도의 공로 때문에 신자들이 참된 믿음으로 이 복음의 약속을 받아들일 때마다 모든 신자들의 죄를 용서해 주셨다는 사실이 신자들 전체나 개개인에게 선포되고 공적으로증거될 때 천국이 열리게 됩니다...

복음이 설교될 때마다 믿는 자는 누구나 자신의 모든 죄를 용서받게 될 것이라는 선포가 있게 됩니다. 여러분이 참된 믿음으로 복음의 약속을 받아들일 때에, 여러분은 은혜언약 안에서 약속된 모든 것을 받을 것입니다. 신자가 교회 안에 앉아서 하나님의 말씀을 듣고 "그렇습니다. 이는 나의 하나님이십니다. 이는 나의 구주이십니다.

저는 당신을 믿습니다. 저는 당신을 신뢰합니다. 저는 당신을 사랑합니다. 저는 당신께 복종하기를 원합니다."라고 말할 때, 그때 그것은 정말로 은혜언약 안에서 생명과 복의 길입니다.

이 생명의 길로 우리를 강력하게 끌어당기는 것이 있습니다. 성경에서 하나님께서는 생명의 길을 우리에게 매력적인 것으로 만들어주시는 많은 다른 방법들을 가지고 계십니다. 하나님께서는 우리가 이 길이 더 나은 길이라는 것을 알고 그에 따라 반응하기를 원하십니다. 그러면 은혜언약 안에서 하나님을 믿는 믿음으로 우리를 강력하게 끌어당기는 것들에는 어떤 것이 있습니까?

우리는 죄 용서로 시작할 수 있습니다(골 1:14). 하나님께 용서를 받는 것보다 더 중요한 것이 무엇이 있을까요? 여러분이 자신이 모든 방법을 다 동원해서 하나님께 죄를 범했다는 것을 알 때 죄 용서보다 더 고대할 수 있는 것이 무엇이 있을까요? 은혜언약 안에서 여러분이 하나님의 약속들을 믿을 때에 죄 용서가 있습니다. 하나님께서 여러분에게 대항하여 여러분의 죄를 결코 계속 가지고 있지 않으신다는 것은 약속입니다! 죄 용서는 결과적으로 화해가 됩니다. 화해는 여러분의 거룩하시고 전능하시며 의로우신 창조주와의 평강을 의미합니다. 믿음의 길은 여러분에게 평강을 줍니다. 여러분은 하나님과 외적으로든지, 자신의 양심에서 내적으로든지 평강의 충만한 확신을 가질 수 있습니다.

그 평강 안에서 여러분은 자기의 날을 살아갈 수 있을 뿐만 아니라 또한 육신의 죽음을 맞이할 수 있습니다. 여러분은 장차 올 것에 대한 두려움 없이 죽음을 맞이할 수 있습니다(고전 15:56). 믿음의 길은 평화로운 죽음의 복을 약속합니다. 여러분은 심판에 대한 두려움 없이 자신이 그리스도 안에서 안전하다는 것을 알고 이 세상을 떠날 수 있습니다. 언젠가 여러분이 죽음의 자리에 있을 때를 생각해 보십시오. 아마도 여러분은 여전히 의식이 있을 것이고 가족과 친구들에게 말할 수 있을 것입니다. 그렇다면, 여러분은 그리스도 안에서 자신의 확신에 대해 그들에게 분명히 말할 수 있을 것입니다. 여러분의 죽음이 죗

값의 지불이 아니라 죄를 끝내고 영원한 생명으로 들어가는 것이라고 여러분이 확신하는 것을 듣는 것이 여러분의 사랑하는 사람들에게 얼마나 격려가 될 것인지 생각해 보십시오. 언약의 중보자이신 예수님 때문에 이것이 전부가 될 것입니다. 은혜언약 안에서 생명의 길은 극히 중요한 순간에 모든 것을 다르게 만듭니다. 그것은 여러분이 없을 때에 위로를 받는 가족과 의심과 의문을 가지는 가족 사이에 다른 점입니다. 믿음은 그리스도인의 죽음에 대한 전적인 다른 관점, 곧 건강하고 부요한 관점을 제공합니다. 생명의 길에서 그리스도인들은 빌립보서 1장 21절에서 바울과 함께 "내게 사는 것이 그리스도니 죽는 것도 유익함이니라."라고 담대하게 말할 수 있습니다.

그래서 은혜언약의 상황에서 믿음을 가진, 하나님과 연관된 그리스도인들은 생명과 죽음에서 평강이 있습니다. 또한 지속적인 기쁨의 감정이 있습니다. 이는 외적으로 행복한 얼굴 모습을 보이는 그런 감정이 아닙니다. 그 기쁨은 좀 더 깊이 들어가는 것입니다. 그 기쁨은 여러분이 하나님의 사랑받는 자녀이고 하나님이 여러분의 하나님이시라는 것을 아는 하나님 안에서의 확고부동한 '만족하게 하심'입니다.

이전에 성적인 죄에게 종이 되었던 이런 사람이 있었습니다. 그의 어머니 모니카Monica는 그리스도인이었고 자기 아들을 복음에로 이끌려고 노력했지만 소용이 없었습니다. 모니카는 자기 아들의 불신앙으로 인해 마음이 산산이 깨어졌습니다. 그는 이제 31살이 되었고 자기 맘대로 살았습니다. 그는 여러 해 동안 한 여자와 동거했습니다. 그는 성령님에 의해 기적적으로 눈이 열렸을 때 이탈리아 밀라노Milan, Italy에 있는 정원에 있었습니다. 그는 마침내 하나님께 복종하여 은혜언약 안에서 생명의 길로 인도되었습니다. 이 사람은 누구입니까? 그는 기독교회의 역사에서 가장 위대한 신학자들 중 한 사람인 히포의 아우구스티누스Augustine of Hippo입니다. 그는 나중에 자기 책 고백록에서 이에 대해 기록했습니다. 그는 이렇게 썼습니다.

> 이전에 내가 잃어버릴까봐 두려워했던 열매 없는 기쁨이 사라지는 것이 내게 갑자기 얼마나 달콤했던지…! 당신께서는 내게서 그 기쁨을 몰아내셨나이다. 당신께서는 참되시고 주권적인 기쁨이

십니다. 당신께서는 내게서 그 기쁨을 몰아내시고 모든 즐거움보다 훨씬 더 달콤하신 당신을 그 자리에 두셨나이다... 오 주 나의 하나님이여, 나의 빛이시여, 나의 부요이시고, 나의 구원이시여.[2]

아우구스티누스는 생명의 길, 곧 은혜언약 안에서 하나님을 믿는 믿음의 길로부터 생기는 기쁨을 알게 되었습니다. 하나님께서는 자극으로써 여러분에게 동일한 기쁨을 주십니다. 하나님께서는 "이 관계 안에서 나와 함께 살자. 나는 너의 기쁨이 될 것이다."라고 말씀하십니다. 다윗은 시편 4편 7절에서 "주께서 내 마음에 두신 기쁨은 저희의 곡식과 새 포도주의 풍성할 때보다 더하니이다."라고 말합니다. 다윗은 믿음 안에서 하나님과 함께 사는 깊은 기쁨을 알았습니다.

다윗은 또한 하나님께 징계나 권징을 받게 되는 것이 무엇인지를 알았습니다. 우리는 일반적으로 권징을 선하고 긍정적인 일로 생각하지 않습니다. 은혜언약 안에서

---

2 The Confession of St. Augustine (Westwood: The Christian Library, 1984), 138–139.

생명의 길로 가는 자극으로써 권징을 생각하는 것은 다소 직관에 반대되는 것입니다. 하지만 만일 우리가 히브리서 12장이 말하는 관점으로 그렇게 권징을 본다면, 우리는 그렇게 자극으로써 권징을 보아야 합니다. 우리가 믿음으로 여호와의 약속을 붙들고 은혜언약 안에서 산다면 하나님의 아버지 같은 사랑의 약속을 받습니다. 이는 여러분을 그냥 두지 않는 사랑입니다. 이는 여러분이 죄 가운데 있어 스스로 멸망하도록 두지 않는 사랑입니다. 히브리서 12장에 따르면 하나님께서는 우리를 아들들로 대하시는데, 이는 하나님께서 우리를 징계하신다는 것을 의미하고 이는 선하고 바람직한 일입니다. 여러분이 징계를 받는 그 순간에 징계는 고통스러운 것 같지만 "후에 그로 말미암아 연달한 자에게는 의의 평강한 열매를 맺습니다."(히 12:11). 한 번 생각해 봅시다. 여러분은 자신을 그냥 버려두시는 하나님을 원하십니까? 그렇지 않습니다. 만일 우리가 세심하게 이에 대해 숙고해 본다면, 우리는 필요할 때에 우리를 징계하시기 위해서 충분히 돌보아 주시는 하나님을 원합니다. 하나님께서는 우리를 생명의 길에 두실뿐만 아니라 그 길에서 우리를 지키십니다.

은혜언약 안에서 생명에 대한 다른 자극은 하나님의 뜻을 따르는 것과 연관됩니다. 우리가 지난 장에서 살펴본 것처럼, 그리스도 안에서 참 믿음은 항상 열매를 맺습니다. 정말로 그리스도를 믿는 자들은 하나님의 율법에 순종하기를 원합니다. 그들은 완전하게 혹은 계속해서 그렇게 행하지 않습니다. 심지어 가장 경건한 그리스도인들의 순종도 너무 지나치다가 약해지고 가끔 나타납니다. 하지만 성령께서는 당신의 사역을 행하십니다. 성령께서는 천천히, 그리고 꾸준히 거룩함과 그리스도를 닮음 안에서 성장하도록 신자들을 인도하십니다. 이 거룩함의 성장은 하나님께 영광을 돌리는 것입니다. 이는 우리가 창조된 목적입니다. 그래서 생명의 길은 우리가 창조된 방식으로 살고 있다는 만족감을 점점 더해 줍니다.

더 있습니다. 이는 하나님께서 당신의 길들에서 사는 것이 우리에게 선하다고 약속하셨기 때문입니다. 여러분이 하나님의 뜻을 따르기 위해서 투쟁할 때, 그것은 여러분을 위한 복이 될 것입니다. 그것은 온갖 종류의 물질적인 것 혹은 여러분이 가진 것을 얻은 느낌에서 복이 되지는 않을 것입니다. 그러나 그 복은 정말로 우리가 점점 더 여호와께 이르도록 성장하는 것, 우리 자녀들에게 더 나은 부모들이 되는 것, 세상에서 우리 이웃들과 교회 안에서 형제들과 자매들과 더 조화롭게 사는 것 등등과 같은 그런 일이 그 길들에 있게 되는 것입니다. 하나님의 율법은 당신의 거룩함을 위해서 뿐만 아니라 우리의 선을 위해서 계획되었습니다. 이 메시지는 정말로 잠언에서 납득이 됩니다. 지혜와 복은 신자들이 하나님의 말씀에 복종할 때에 따라오게 됩니다. 이는 잠언 14장 27절에서 이렇게 말하는 것과 같습니다. "여호와를 경외하는 것은 생명의 샘이라. 사망의 그물에서 벗어나게 하느니라." 이렇게 믿음은 열매로 인도되고, 열매는 하나님께 영광을 돌리는 것이고 우리에게 복입니다. 이는 생명의 길에서 현저하게 다른 선한 자극입니다.

성경은 은혜언약 안에서 생명을 온전히 받아들이라고 여러분에게 요구합니다. 이는 여러분을 향한 하나님의 뜻입니다. 이에 대해 말하는 다른 방법은 여러분이 하나님과 하나님의 모든 약속을 믿으라는 요구를 받는다는 것입니다. 하나님께서 예수 그리스도 안에서 여러분에게 제시하신 것을 듣고 자신을 위해 그것을 받아들이십시오. 그때 여러분은 놀라운 방법으로 하나님과 연관될 것입니다. 하나님께서는 날마다 당신의 사랑을 여러분에게 확신하게 하시는, 여러분의 하늘 아버지가 되실 것입니다. 하나님께서는 언젠가 여러분을 당신의 복된 임재로 영원히 받아들이실, 여러분의 아버지가 되실 것입니다.

하나님의 말씀은 이 두 길, 곧 사망의 길과 생명의 길을 우리에게 제시합니다. 이것은 몇 가지 좋은 신학적인 관점에 대한 학문적인 논의가 아닙니다. 여기에서 논의 중인 주제는 우리 각자에게 엄청난 중요성이 있습니다. 영생이 위태롭습니다. 해야 할 선택이 있습니다. 여호수아 24장에서, 여호수아는 하나님의 언약 백성들이 약속의 땅으로 막 들어가려고 할 때 그들에게 선언했습니다. 세겜에서 언약의 갱신의식이 있었습니다. 언약 백성들은 여호와께 헌신하라는 도전을 강하게 받았습니다. 여호수아는 "너희가 섬길 자를 오늘 택하라…"라고 그들에게 말했습니다. 선택이 그들 앞에 제시되었습니다. "여호와를 섬기고 살든지 혹은 이교도의 신앙으로 돌아가서 죽든지 하

라. 은혜언약의 복 아래서 믿음으로 살든지 혹은 은혜언약의 저주 하에서 저주를 받든지 하라. 선택하라." 언약백성들은 믿음의 길을 따라 살 것이라고 주장했습니다. 이는 우리 각자가 스스로 행하도록, 곧 믿음의 길에서 하나님과 연관되도록 요구받는 것입니다. 그것은 생명과 영원한 복의 유일한 길입니다.

숙고와 토론을 위한 문제들

1. 언약의 회원이었지만 사망의 길을 선택했던 성경에 나오는 사람을 생각해 봅시다. 무엇이 그런 선택을 하게 했습니까? 그 선택은 어떻게 그 자체로 나타납니까? 이 선택이 어떤 결과를 생기게 합니까? 우리가 달리 무엇을 배울 수 있습니까?

2. 일부 사람들(혹은 신자들)은 왜 은혜언약 안에서 경고와 위협을 말하는 것에 저항합니까?

3. "나는 나중에 삶에서 그리스도인이 되는 것에 관해 심각해 질 수 있습니다. 그러나 당장은 나는 젊고 마음껏 즐기면서 살 때입니다. 나는 언약에 속해 있으니 아무런 염려가 없습니다."라고 말하는 사람에게 여러분은 무엇이라고 말할 수 있습니까?

4. 우리는 은혜언약 안에서 생명의 길에 대한 몇 가지 자극, 곧 죄 용서, 생명과 사망에서 평강, 기쁨, 징계, 순종에 따르는 복을 보았습니다. 여러분은 하나님께서 말씀에서 제시하신, 적어도 세 가지 다른 자극을 생각할 수 있습니까?

5. 사망의 길로 가는, 회개하지 않는 언약 파기자 혹은 생명의 길로 가는, 회개한 신자 중 누가 더 하나님의 영광을 찬송하는 것입니까? 성경에서 자신의 답을 찾아 설명해 보세요.

"내가 너희의
하나님이 될 것이다."

"내가 너희의
하나님이 될 것이다."

AN EASY INTRODUCTION
TO THE COVENANT OF GRACE

제 4 장

은혜언약 안에서의
우리 자녀들

성경: 고전 7:1-16
신앙고백: 하이델베르크 교리문답 74문답, 도르트 신경 1.17

우리는 이제 이 교리가 우리 삶에서 실제적인 관련을 가진다는 사실을 몇 가지 방법으로 살펴봅시다. 이 장에서 우리는 은혜언약이 우리 자녀들과 연관되는 방식을 살펴볼 것입니다. 다음 장에서, 우리는 은혜언약이 어떻게 우리의 공적 예배에 영향을 미치는지에 관해 배움으로써 결론을 맺을 것입니다.

우리는 우리 자녀들로 시작합니다. 이는 우리의 상황에서 많은 다른 교회 단체들과 우리를 구별해 주는 가장 중요한 것들 중 하나로 우리를 직접적으로 이끌어 줍니다. 북미에는 우리가 그렇게 하는 것처럼, 은혜언약 교리를 지지하는 교회들이 있습니다. 그만큼 내 말은 그들이 칼빈주의 5대 교리 혹은 튤립TULIP이라고 불리는 것들 중 일부 혹은 모든 것을 지지한다는 것입니다. 그들은 불신자들이 죄 가운데 죽고 하나님을 향하여 전혀 한 발자국도 나아갈 수 없다는 것을 쉽게 동의합니다. 우리와 마찬가지로, 그들도 하나님께서 세상을 창조하시기 전에 택자들을 무조건적으로 선택하셨다는 것, 등등의 교리를 믿습니다. 우리는 그들이 이런 성경의 가르침을 지지할 때에 하나님을 높여 드렸다는 사실을 기뻐할 수 있고, 또 기뻐해야 합니다. 하지만 동시에 우리는 정직해야 되고, 우리와 그들 사이에 중요한 차이점이 있다는 사실을 인정해야 합니다. 가장 중요한 차이점들 중 몇 가지는 은혜언약 교리와 관련되어야 합니다. 이것은 작고 미미한 일이 아닙니다. 여러분이 언약에 대해 믿는 것은 그리스도인으로서 날마다 생활에서나 교회로서 함께 하는 우리의 생활에서 엄청난 의미를 지닙니다.

특별히 우리는 우리 자녀들이 중요하다는 것을 동의

할 수 있어야 합니다. 우리는 애완동물이 하늘로 가는지의 문제, 혹은 다른 비교적 사소한 문제들을 토론하고 있지 않습니다. 이것은 우리의 자식, 곧 우리의 혈육에 관한 것이고, 하나님께서 그들과 연관되는 방식에 관한 것입니다. 불신자들의 자녀들과는 대조적으로 신자들의 자녀들에 관한 특별한 것이 아무것도 없습니다. 그러나 우리는 은혜언약이라는 우리의 교리 때문에 신자들의 자녀들이 하나님께서 보시기에 매우 특별하다고 주장합니다. 그들은 특권이 있고, 복되고, 그리스도의 교회 안에 독특한 위치를 가지고 있습니다. 하나님께서는 당신의 말씀에서 우리의 모든 자녀들이 은혜언약 안에 포함된다는 사실을 우리에게 확신하게 하십니다.

우리가 우리 언약의 자녀들을 생각하는 방식

이 장에서, 우리는 유아세례에서 하는 질문들로 직접

적으로 가지 않으려고 합니다.[1] 오히려 우리는 그 질문 배후에 있는 질문을 말하기를 원합니다. 만일 우리 자녀들이 은혜언약에 속한다면, 만일 언약으로 들어감의 표와 인이 세례라면, 그렇습니다, 그럴 때 우리는 분명히 우리 아기들에게 세례를 베풀어야 합니다. 그러나 지금 당장 근본적인 질문은 "아기들이 은혜언약에 속해 있습니까? 그렇다면 어떻게 해야 합니까?"라는 것입니다. 아기들이 언약의 자녀들이라는 것이 의미하는 바가 무엇이고 우리가 그들을 어떻게 보아야 합니까?

우리는 은혜언약의 구약의 집행administrations으로 시작해야 합니다. 창세기 17장에서 하나님께서 아브라함과 언약을 맺을 때에 이 언약도 또한 아브라함의 후손들과 설립되었습니다. 이는 아브라함의 모든 남자 후손들이 할례를 받았다는 사실에서 표해졌습니다. 이는 이스라엘 백성들이 계속해서 이 할례의 관습을 시행했기에 그들에게 잘

---

[1] 이 질문에 대해 도움이 되고 간단히 다룬 것에 대해서, 저는 Daniel R. Hyde, Jesus Loves the Little Children: Why We Baptize Children (Grandville: Reformed Fellowship, Inc.,2006)를 적극적으로 추천합니다.

인식되었습니다. 그들은 모두 자기 자녀들이 언약의 자녀들이라는 것을 충분히 잘 알았습니다. 하나님께서는 그들과 언약을 맺으셨을 뿐만 아니라 그들의 소자들과도 언약을 맺으셨습니다.

이것이 그리스도의 오심과 함께 달라졌다는 지적이 성경에는 없습니다. 사도행전 2장에서 베드로는 천하로부터 예루살렘으로 온 유대인들에게 설교했습니다. 이들은 하나님의 언약 백성이고, 그들 중에 남자들이 각각 할례를 받았습니다. 사도행전 2장 39절에서 베드로는 잘 알려진 말씀, 곧 "이 약속은 너희와 너희 자녀와 모든 먼 데 사람, 곧 주 우리 하나님이 얼마든지 부르시는 자들에게 하신 것이라."라고 말합니다. 그 약속은 성인들adults뿐만 아니라 그들의 자녀들을 대상으로 합니다. 은혜언약 안에서 회원 자격이 그리스도의 오심 이후에 더 제한적이 된다는 지적이 성경에 없습니다.

게다가 히브리서 8장 6절은 그리스도의 오심 이후에 이 새 언약의 집행이 더 좋다고 우리에게 말합니다. 이는 우리가 이렇게 질문하게 합니다. 더 좋은 언약의 회원 자격이 어떻게 더 제한적이 됩니까? 신자들의 자녀들을 방치해 두는 것이 어떻게 더 좋은 것입니까? 저는 결코 이 질문에 대한 좋은 답을 들어본 적이 없습니다. 이 질문에 대한 만족스러운 답이 없습니다.

 실제로 만약에 여러분이 사도 시대에 살고 있는 유대인 부모라고 생각해 봅시다. 만약에 그들이 다음과 같은 침례교의 견해를 설교하고 있다고 생각해 보십시오. "그렇습니다. 저는 몇 해 전에 여러분의 자녀들이 하나님의 언약 안에 포함되어 있었다는 것을 압니다. 그러나 예수께서 오셨고 당신의 사역을 행하신 지금은 그들은 하나님의 언약 밖에 있습니다. 미안합니다!" 누군가가 이전에 말했던 것처럼, 유대인 부모는 이렇게 생각하면서 듣고 있었을 것입니다. "나는 이것이 좋은 소식이 될 것이라고 생각했었어!" 사도행전 15장에서 우리는 모세의 의식법의 적용에 관해 읽습니다. 만일 우리의 침례교 친구들이 옳다면, 여러분은 언약 안에서 자녀들의 위치에 관한 유사한 논란이 있게 될 것을 기대하지 않아야 할까요? 여러분은 성경에서 언약 안에서 자녀들의 위치에 대해 읽을 것을 기대하지 않아야 할까요? 그러나 성경이 아무것도 말하지 않고 침묵하는 것은 이 요점에 대해 신약 교회가 단순히 구약교회가 자녀들을 포함시킨 것을 계속해서 유지한다는 것을 지적합니다. 구약과 신약 사이에 이 요점에 대한 연속성이 있습니다.

이는 고린도전서 7장 12-16절에서 이 중요한 구절로 우리를 인도합니다.

> 12 그 남은 사람들에게 내가 말하노니 (이는 주의 명령이 아니라) 만일 어떤 형제에게 믿지 아니하는 아내가 있어 남편과 함께 살기를 좋아하거든저를 버리지 말며 13 어떤 여자에게 믿지 아니하는 남편이 있어 아내와 함께 살기를 좋아하거든 그 남편을 버리지 말라. 14 믿지 아니하는 남편이 아내로 인하여 거룩하게 되고 믿지 아니하는 아내가 남편으로 인하여 거룩하게 되나니 그렇지 아니하면 너희 자녀도 깨끗지 못하니라. 그러나 이제 거룩하니라. 15 혹 믿지 아니하는 자가 갈리거든 갈리게 하라. 형제나자매나 이런 일에 구속받을 것이 없느니라. 그러나 하나님은 화평 중에서너희를 부르셨느니라. 16 아내된 자여, 네가 남편을 구원할는지 어찌 알 수 있으며, 남편된 자여, 네가 네 아내를 구원할는지 어찌 알 수 있으리요?

여기에서 바울은 여러분에게 불신자와 결혼한 신자가 있는 그런 상황을 논의합니다. 이런 일은 사람이 생애의 후반에 믿게 된 상황에서 일어나게 될 수 있습니다. 다른 곳(예를 들면, 고후 6:14 이하)에서 우리는 신자들이 오직 다른 신자와만 결혼해야 한다고 압니다. 그러나 이 상황은 다릅니다. 이 사람들은 결혼할 때에 불신자들이었고, 그 이후에 그들 중 한 사람이 나중에 그리스도인이 되었습니다. 바울은 이것이 결혼관계에서 불신자의 신분과 관계된 것임을 지적하기 위해서 언약적 언어를 사용합니다. 바울은 거룩하게 됨 혹은 성화됨에 관해 말합니다. 하나님의 언약관계가 사람들을 구별하는 것이기 때문에 이것은 언약적 언어이고, 이 구별됨은 '거룩함'이 본질적으로 의미하는 것입니다. 우리는 여기에서 신자와 결혼한 불신자의 언약적 신분에 대해 논의할 수 있지만 그것은 우리가 중요하지 않은 일에 매달리는 것입니다. 여기에서 우리는 바울이 고린도전서 7장 14절의 마지막에 말한 것에 초점을 맞추기를 원합니다. 바울은 심지어 한 신자의 자녀도 거룩하고, 구별되고, 성화되었다고 우리에게 말합니다. 또한 이 언어의 종류도 언약의 언어입니다. 이는 이 자녀가 아버지 혹은 어머니가 기독교인 부모이기 때문에 기독교인이 될 더 좋은 기회를 가진다는 것만이 아닙니다. 그것이 사실일지라도, 여기에서는 그 이상입니다.

출애굽기 19장에서, 이스라엘은 시내산에 있었고 하나님께서는 은혜언약의 다른 집행을 설립하셨습니다. 이곳은 하나님께서 이 언약 관계 안에서 이스라엘이 당신께 '제사장 나라와 거룩한 백성'이 되어야 한다고 말씀하신 곳입니다. 성경에서 거룩함은 언약의 틀 안에 존재하는 것이고, 여기 고린도전서 7장에서도 마찬가지입니다. 바울은 신자들의 자녀들이 거룩하다고 말할 때에 그들이 언약의 자녀들이라고 말한 것입니다. 다른 곳에서 바울은 신자의 자녀들을 언약의 자녀들과 같이 대합니다. 에베소서 6장 1-3절을 생각해 보십시오. 바울이 어떻게 에베소 교회 안에 있는 자녀들에게 말했습니까?

> 1 자녀들아 너희 부모를 주 안에서 순종하라 이것이 옳으니라. 2 네 아버지와 어머니를 공경하라. (이것이 약속 있는 첫 계명이니), 3 이는 네가 잘 되고 땅에서 장수하리라.

4장 은혜언약 안에서의 우리 자녀들

에베소 교회의 자녀들은 하나님의 율법과 함께 하나님의 언약에 근거하여 이야기되었습니다. 이렇게 말하는 것은 오직 그들이 정말로 언약의 자녀들이기에 가능할 수 있습니다.

그 근거에서, 오늘날 우리는 우리 자녀들을 '작은 이방인' 혹은 '기저귀를 차고 있는 독사'로 제시되는 어떤 사람처럼 생각하지 않아야 합니다. 그렇습니다. 우리의 모든 자녀들은 중생해야 하고, 때가 되면 스스로 복음의 약속을 믿어야 합니다. 그러나 그들은 모두 언약의 자녀들이고, 특별한 신분을 가지고 있습니다. 제 27주일에서 제시하는 것처럼, 그들은 불신자들의 자녀들과 구별되고, 그들의 세례는 공적으로 그 사실을 선언합니다.

우리의 유아세례 예식서는 그들이 '그리스도 안에서 거룩하게' 되었다고 말합니다. 여러분은 부모들에게 묻는 첫 번째 질문에서 이 말을 발견합니다. 우리는 그곳에서 "그대들은 우리의 자녀들이 그리스도 안에서 거룩하여졌다라고 고백하십니까?"라고 묻습니다. [역주 – 개혁교회의 예전 예식서들 중 유아세례예식서를 참조하라.] 이 표현은 우리 개혁교회 역사에서 격렬하게 토론되어 왔습니다. 우리 자녀들이 "그리스도 안에서 거룩하여졌다."라는 것은 무슨 뜻입니까? 저는 여기에서 제시된 모든 답변들을 재고하지 않을 것입니다.[2] 기억하시기 바랍니다. 우리는 이 책을 은혜언약의 교리에 대한 쉬운 입문서로 유지하기를 원합니다. 이 사실을 명심하면서 저는 최선의 답이라고 생각하는 것을 여러분에게 간단하게 말씀드리겠습니다. 우리 자녀들은 은혜언약 안에 있고 세상과 구별되었으며, 그리스도의 모든 은덕들을 받을 자격이 있습니다. 하나님께서는 우리 자녀들에게 이 모든 은덕들을 약속하셨지만, 이 은덕들을 받기 위해서 그들은 각자가 개인적으로 믿음을 요구받습니다. '그리스도 안에서 거룩하게 됨'은 우리 자녀들이 하나님의 은혜언약 안에 있다는 것을 의미하지만, 반드시 믿음을 가지고 하나님과 연관되어 은혜언약 안에서 모든 복과 영원한 생명으로 나아올 것이라는 뜻이 아닙니다. 언약 안에서 모든 자녀 한 사람 한 사람에게 믿음의 요구가

---

2 이 흥미로운 연구에 대한 좋은 출발 지침은 J. Kamphuis의 Everlasting Covenant(Launceston: Publication Organization the Free Reformed Churches of Australia)의 5장일 것입니다.

여전히 있습니다. 그 요구는 그들이 "그리스도 안에서 거룩하여졌다."라는 바로 그 사실 때문에 더욱더 긴급합니다. 그들의 언약의 신분은 그들이 더 특권이 있을 뿐만 아니라 그들이 자기 특권을 가지고 행하는 일에 있어서 훨씬 더 책임이 중하다는 것을 의미합니다. 우리는 항상 그리스도께서 누가복음 12장 48절에서 말씀하신 것을 기억해야 합니다. "무릇 많이 받은 자에게는 많이 찾을 것이요…" 더 큰 부요함과 약속들은 더 큰 책임이 수반됩니다. 이것은 성경의 원리입니다.

우리가 우리 언약의 자녀들을 구체적으로 양육하는 방식

이런 영적인 진리들은 우리가 우리 자녀들을 양육하는 방식에 구체적인 영향을 미칩니다. 몇 가지 방식들을 살펴봅시다. 우리는 가정에서 우리 자녀들과 대화할 때에 우리 하나님께서 부요한 복음의 약속들을 주셨다는 사실을 그들에게 가르쳐야 합니다. 우리는 그 약속들을 설명해야 합니다. 그 약속들이 얼마나 아름다운지, 얼마나 부요한지, 얼마나 엄청나게 좋은 소식들인지 설명해야 합니다. 우리 자녀들이 이해할 수 있게 되자마자 곧바로 우리는 그들에게 그들의 세례에 대해, 또 그 세례가 무엇을 의미하는가를 말하기 시작합니다. 우리는 우리 자녀들의 아주 어린 시절부터 세례가 의미하는 것에 대해 말해 주고, 하나님께서 그들을 당신의 자녀라고 주장하셨다는 것을 말해 줍니다. 우리는 그 주장을 이해하고 받아들이고 믿고 다음으로 그에 따라 살도록 우리 자녀들에게 가르쳐야 합니다. 달리 말하면, 우리는 우리 자녀들을 제자 삼아야 하고 목양해야 합니다. 우리는 주님의 방식으로 그들을 양육합니다. 우리는 그들이 그리스도인들이 되도록 양육합니다.

많은 교회들에서 그들은 특별한 젊은 목회자들pastors을 가집니다. 이렇게 우리 교회가 행하는 것처럼 신앙고백적으로 개혁교회들이 행합니다. 실제로 우리 교회들 안에 젊은 목회자들의 무리가 있습니다. 그들은 부모들이라고 불립니다. 부모들은 개혁교회 안에서 최전방에 배치된 젊은 목회자들입니다. 부모들이여, 여러분의 소명은 여러분이 자기 자녀들의 세례에서 행하리라고 약속한 것, 곧 '이 아이가 이해할 수 있게 되자마자 이 아이에게 이 교리를 가르치며, 또한 이 점에 있어서 최선을 다하여 이 아이가 가르침을 받도록 할 것'이라고 약속한 것을 행하는 것입니다. 친애하는 독자들이여, 만일 여러분이 부모라면, 저는 여러분이 그 소명을 진지하게 받아들일 것을 촉구합니다. 이 소명은 교리문답 반을 통한 교회 혹은 기독교 학교에서의 교사들이 아니라 무엇보다 먼저 여러분의 소명입니다. 하나님께서 여러분에게 맡기신 자녀들을 제자삼고 목양하는 것은 여러분의 소명입니다.

하지만 이 점을 강조하지만 아무도 기독교 교육이 개혁교회 신자들에게 있어서 선택사항이라고 생각하지 않아야 합니다. 우리는 우리 교회 질서 58조에서 이에 대해 강조하는 것을 발견합니다.

> 당회는 교회가 교회의 신앙고백들에서 요약한 하나님의 말씀과 조화를 이루는 교육을 하는 학교에 부모들이 최선을 다하여 자기 자녀들을 출석하게 하는 일을 반드시 하게 한다.

여기에서 우리 교회들은 당회들이 우리 언약의 자녀들의 교육에서 이루어지는 일에 주의를 기울인다는 것에 동의했습니다. 장로들은 가능한 범위에서 각 회중의 언약의 자녀들이 교회가 가르치는 것과 충돌되지 않고 실제로 교회가 가르치는 것과 조화되는 방식으로 교육하는 것을 보장할 책임이 있습니다. 우리 교회 질서의 이 조항은 세례에 관한 57조 뒤에 이어집니다. [역주 - 저자는 2016년 현재 론서스턴 호주 자유개혁교회(Free Reformed Church of Launceston, Tasmania, Australia)에서 목사로 봉사하고 있다. 이 책을 저술할 2015년 당시에는 캐나다 개혁교회들(Canadian Reformed Churches)에서 선교사와 목사로 봉사했다. 따라서 여기서 교회질서는 캐나다 개혁교회 질서(1-76조)를 말하는 것이다.] 그렇게 하는 선하고 성경적인 이유가 있습니다. 기독교 교육은 우리 자녀들의 언약의 신분에서 나온 것입니다. 저는 그 일에 대해 명확히 하겠습니다. 그 일은 그 일에 대해 철저히 감시하는 당회와 함께 시작하지 않습니다. 그 일은 여러분의 자녀가 반드시 기독교 교육이 이어져야 하는 특별한 언약의 신분이라는 것을 부모로서 자신의 마음속에 확신하는 여러분과 함께 시작합니다. 우리 기독교 학교에서, 만약에 부모들이 해야 하는 기능을 제대로 한다면, 여러분의 자녀는 은혜언약 안에서 그들의 위치에 맞는 방식으로 교육을 받게 될 것입니다. 그런 교육은 공립학교에서 이루어질 수 없습니다. 하지만 공적인 제도 안에서 개인적인 기독교인들의 교육이 있을 수 있지만, 그것은 가장 초급부터 최고 단계까지 세상적이고 반기독교적인 철학에 의해 지배당하는 제도입니다. 우리는 우리 자녀들이 하나님께 영광을 돌리고 아주 어린 시절부터 모든 여정에서 하나님을 인정하기를 원합니다. 그러므로 언약의 자녀들의 신실한 부모들은 항상 기독교 교육에 엄청난 가치를 두고 심지어 엄청난 희생도 감수합니다. [역주 - 캐나다 개혁교회와 호주자유개혁교회는 언약의 자녀들을 위해 기독교 학교를 설립하여 자녀들을 교육한다. 개혁교회 성도들은 이 언약의 자녀들의 교육을 중대한 언약의 사명으로 생각한다.]

언약 안에서 우리 자녀들의 위치에 대한 다른 중요한 영향력이 있는데, 그것은 교회와 연관됩니다. 은혜언약의 참여자로서 우리는 우리 모든 자녀들이 그리스도의 교회의 회원들이라고 믿습니다. 그들은 잠재적인 회원 혹은 '훈련 중인 회원'이 아닙니다. 심지어 매우 어릴지라도 우리 모든 자녀들은 우리 교회들의 회원들입니다. 때때로 우리 자녀들이 공적 신앙고백을 할 때에 회원이 된다는 이런 잘못된 개념이 있습니다. 이것은 단순히 사실이 아닙니다. 우리 자녀들은 은혜언약으로 들어올 때, 말하자면 자기 어머니의 태속에 잉태되는 바로 그 순간부터 회원이 됩니다. 공적 신앙고백에서 이루어지는 것은 교회 안에서 회원 자격이 아니라 비수찬 회원에서 수찬회원으로의 이동입니다. 공적 신앙고백에서 우리 자녀들은 자기 교회의 회원 자격에 대한 책임을 가집니다. 하지만 그들은 항상 교회의 회원이었습니다. 이는 우리 주변의 많은 사람들과의 중요한 차이점입니다. 오늘날의 많은 그리스도인들은 자기 자녀들을 교회의 회원들로 보지 않습니다. 이는 신학적인 문제가 아니라 실제적인 중요성이 있습니다. [역주 - 개혁교회는 언약의 자녀가 모태에서 잉태되는 순간부터 교회의 회원으로 본다. 이것은 언약적 시각이 없이는 불가능한 것이다. 이런 생각은 개혁교회 교회생활에서만 나타나는 독특성이다. 언약의 자녀들은 교회의 회원이므로 공적 예배에 반드시 참석해야 한다.]

실제적인 중요성이 생기는 한 중요한 장소는 공적 예배입니다 만일 아이들이 회원이 아니라면, 그때 그들은 정말로 공적 예배에 속하지 않습니다. 그들은 어쨌든 모든 것을 이해하지 못합니다. 곧 그들은 그 예배에서 진행되는 모든 것을 이해하지 못하고 오히려 그 예배에 많은 기여를 할 수 없을 것입니다. 그러므로 성인들adults과 함께 하나님을 만나는 대신에 아이들은 특별히 자신을 위해 계획된 몇 가지 프로그램으로 갈 수 있고 가야 합니다. 이렇게 하는 것은 불가피하게 오직 신자들에게만 언약과 교회 회원 자격을 제한함으로 일어나는 일입니다.

우리는 다른 접근방법을 취하고 항상 그러해야 합니다. 자녀들도 교회에 속합니다. 그러므로 그들은 되도록 빨리 공적 예배에 참석해야 합니다. 그들은 하나님과 당신 백성의 언약적 만남에 참석해야 합니다. 왜냐하면 그들은 하나님 백성의 일부이기 때문입니다. 그들을 방치해 두는 것은 하나님 백성을 향한 예배에로의 부르심이 그들에게는 적용되지 않는다고 말하는 것입니다. 만일 우리가 우리의 언약신학에 따라 일치되게 행한다면, 그렇게 하는 것은 생각할 수 없는 것입니다.

마가복음 10장에서 제자들이 예수께 언약의 자녀들이

가까이 오지 못하게 하려고 시도한 경우가 있었습니다. 제자들은 예수께서 이런 어린 아이들을 그렇게 중요하게 여기지 않는다고 생각했습니다. 성경은 마가복음 10장 14절에서 예수께서 이를 보시고 분노하셨다고 말합니다. 예수님은 당신의 제자들이 이 어린 언약의 자녀들이 당신께 접근하는 것을 가로막은 것으로 인해 격분하셨습니다. 그래서 예수님은 이 어린아이들을 당신의 팔로 안으시고 축복하셨습니다. 우리 주 예수께서는 오늘 여기 땅 위에 계셔서 어린 형제들과 자매들을 안아 주시지는 않으시지만 여전히 여기에서 우리가 예배할 때마다 그들을 축복하십니다. 예수님은 누군가가 이 어린아이들을 가까이 오지 못하게 하는 것으로 인해 격분하십니다. 우리 언약의 자녀들은 교회에 속하고 우리 예배에 속합니다. 정말로 여전히 오늘도 우리는 "어린아이들이 예수께 오는 것을 용납하고 금하지 말라."라고 말할 수 있습니다.

우리는 우리 언약의 자녀들이 할 수 있으면 곧바로 그들이 하나님과 만나는 것을 보고 싶습니다. '그들이 할 수 있으면 곧바로'는 약간의 변동이 있을 수 있게 될 것이고,

우리가 그것에 관한 매우 엄중한 법을 세울 수 없다는 것을 의미합니다. 몇 몇 자녀들은 다른 자녀들보다 더 몸부림을 칩니다. 나 역시도 아이들이 있으니 이해가 됩니다. 몇몇 아이는 당연히 더 유순하게 태어났고, 둘일 때에 교회 안에 앉아 있을 수 있었습니다. 다른 아이들은 더 오래 시간이 걸리지만 점점 괜찮아집니다. 하지만 그들은 모두 실질적으로 그곳에 속해 있습니다. 아이들이 교회 예배에 참석하는 일과 관련하여 몇 가지 도전들이 있게 됩니다. 때때로 교회로 오는 것을 배우는 아이들은 약간 시끄럽게 하고 불안하게 할 것입니다. 언약 공동체 안에서 우리 중 나머지는 부모들과 아이들을 약간 봐주고, 인내하고, 아이들이 그곳에 있다는 것으로 기뻐해야 합니다. 어린 아이들이 오게 합시다! 그 어린 아이들은 하나님 임재 가운데 우리, 곧 모두와 함께 있습니다. 하나님께서는 우리뿐만 아니라 그들에게도 축복하시기 위해서 임재하십니다.

부모들인 우리가 당연히 해야 할 필요가 있는 몇 가지 일이 있습니다. 우리 자녀들이 이해할 수 있게 되면 곧바로 우리는 교회가 무엇인지와 우리가 예배를 위해 모일 때에 무엇을 하는지에 대해 그들에게 가르치기 시작합니다. 이는 제자도의 부분입니다. 우리는 교회 안에서 공손하고 공경하게 되도록 그들을 가르칩니다. 그들이 읽을 수 있을 때, 우리는 그들이 성경과 찬양의 책을 가지고 있다는 것을 확인합니다. 우리는 그들이 따라가기 시작하고 회중의 나머지 사람들과 함께 노래를 부르고 있는 것을 확인합니다. 우리는 우리 자녀들이 어릴 때부터 이런 일들을 행하도록 가르칩니다. 우리는 그것이 선택사항이라고 우리 자녀들에게 말하지 않습니다. 만약에 네가 좋다고 느끼면 노래 부를 수 있다고 말하지 않습니다. 그렇습니다. 우리는 모두 하나님의 언약 백성의 부분입니다. 그래서 우리는 젊든지 나이 들었든지, 노래를 잘하든지 노래를 잘 못하든지 모두 함께 노래합니다. 헌금을 수거할 때, 우리는 우리 아이들이 우리 예배의 이 요소에도 활동적으로 참여하고 있는 것을 확인해야 합니다. 그들은 헌금 주머니에 돈을 넣을 수 있습니다. 그것도 또한 예배의 부분이고, 그들이 여호와를 예배하기 위해서 쉽게 할 수 있는 것입니다. 게다가 설교는 무엇에 관한 것입니까? 자주 목사는 아이들을 설교로 끌어들일 것입니다. 언약의 자녀들의 부모들은 계속 이야기하여 자기 아이들이 이해하는지를 확인해야 합니다. 하나님의 말씀은 또한 아이들을 위한 것이기도 합니다. 여러분은 종종 아이들이 이해하는 것을 보고 놀라게 될 수 있고, 우리는 설교된 대로 하나님의 말씀을 듣도록 아이들에게 격려해야 합니다. 그들이 하나님의 언약 백성의 일부로서 언급되는 것처럼 예배도 또한 그들을 위한 것입니다.

언약의 자녀들이 죽을 때에 우리가 받는 위로

우리 언약신학이 큰 차이를 만드는 마지막 영역은 우리가 우리 언약의 자녀들을 잃을 때에 받는 위로입니다. 그런 일이 일어날 수 있습니다. 그런 일은 우리 중 다수에게도 일어납니다. 우리 중 다수는 언약의 자녀들이 태 밖으로 나와서 숨을 쉬기도 전에 그 자녀들을 잃은 적이 있을 것입니다. 또한 우리 중 일부는 언약의 자녀들이 태어난 후에 그 아이를 잃은 적이 있을 것입니다. 자녀를 잃는 것은 다 고통스럽습니다. 여러분은 아이를 가졌을 때에 그 아이를 사랑하고 그 아이에 대한 희망과 꿈을 가질 것입니다. 유아를 잃는 것은 정말로 엄마와 아빠 둘 다에게 견디기 힘든 일일 것입니다.[3]

이런 상황의 양상이 우리 신앙고백서들에서 명시적으로 언급되어 있다는 것은 상당히 주목할 만합니다. 우리는 종종 하이델베르크 교리문답을 위로의 신앙고백서라고 생각합니다. 그러나 하이델베르크 교리문답은 이에 대해 말하는 교리문답이 아닙니다. 오히려 우리는 도르트 신경에서 이에 대한 것을 발견합니다. 도르트 신경은 은혜의 교리에 대해 말하고 언약의 부모들이 자기 자녀들이 유아 때 죽었을 때에 받는 위로를 포함시키고 있습니다.

우리는 하나님의 말씀을 가지고 하나님의 뜻에 대해 판단해야 하는데, 그 말씀에서는 신자의 자녀들이 본성으로가 아니라 은혜언약으로 인하여 거룩하고, 그 언약 안에서 자기 부모들에게 포함된다고 말합니다. 그러므로 하나님을 경외하는 부모들은 하나님께서 유아 때에 이 세상

---

3 이 주제에 대한 탁월한 책은 Glenda Mathes, Little One Lost: Living with Early Infant Loss (Grandville: Fellowship, Inc., 2012).

에서 불러 가신 자기 자녀들의 선택과 구원을 의심하지 않아야 합니다.

이것은 유아의 사망률이 우리가 오늘날 아는 것보다 훨씬 더 높은 시대에 기록되었습니다. 우리 중 다수가 유아를 잃는 것을 경험했지만 사람들이 1600년대에 경험했던 그런 정도로는 거의 아무데서도 그런 경험을 하지 않았을 것입니다. 그 시대에는 훨씬 더 적은 수의 아이들이 어른이 될 수 있었습니다. 그 시대에의 많은 아이들이 오늘날에는 쉽게 치료되거나 혹은 예방접종으로 되는 질병으로 죽었습니다. 개혁교회 부모들의 대다수는 유산뿐만 아니라 아마도 출산 후에 유아의 죽음을 경험했을 것입니다. 하나님의 말씀은 이에 대해 무엇이라고 말합니까? 목사들은 이런 상황에서 슬퍼하는 부모들에게 무엇이라고 말할 수 있습니까?

우리의 신앙고백서들은 우리가 이미 이야기한 것을 우리에게 회상시켜 줍니다. 곧 우리의 자녀들은 그들이 자기 부모들과 함께 은혜언약 안에 있기 때문에 거룩하다는 것입니다. 그런 자녀들이 유아 때에 이 세상에서 취해질

때 기독교인 부모들이 그 자녀들의 최종적인 운명을 의심할 필요가 없습니다. 실제로 우리는 그런 자녀들을 향한 주님의 자비와 은혜를 확신할 수 있을 것입니다. 우리는 사무엘하 12장에서 다윗처럼 될 수 있습니다. 어린 자녀가 하나님께 함께하기 위해서 갔습니다. 다윗은 사무엘하 12장 23절에서 "나는 저에게로 가려니와 저는 내게로 돌아오지 아니하리라."라고 말했습니다. 다윗은 자기가 죽을 때에 자기 아들과 재연합하게 될 것이라고 확신했습니다. 이 확고한 확신은 하나님께서 신자들과 그들의 자녀들과 맺은 은혜언약으로부터 생깁니다.

이에 대해 더 살펴본 후에 여러분은 이렇게 질문할 것입니다. "하나님께서 어떻게 현재 당신과 연관될 수 없는 은혜언약 안에 있는 자들과 연관됩니까?" 유아는 하나님의 약속들에 반응할 수 없습니다. 물론 자녀들은 나이가 들어서 책임질 나이가 되어서만 하나님의 약속들에 반응할 수 있습니다(책임질 나이는 자녀마다 다양합니다). 일부 자녀들은 결코 책임질 나이에 이르지 못합니다. 추가해서, 아이들뿐만 아니라 우리는 지적 장애를 가진 사람들에 대해 생각

4장 은혜언약 안에서의 우리 자녀들

할 수도 있습니다. 때때로 언약의 자녀에게 지적 장애가 심각하여 그들이 책임을 지는 방식으로 하나님과 전혀 관련될 수 없을 것입니다. 그들은 우리 나머지 사람들이 할 수 있고 해야 하는 그런 방식으로 하나님의 복음의 약속들에 반응할 수 없습니다. 그러면 하나님께서 그들과 연관하여 무엇을 하실까요? 은혜언약 안에는 자동적인 것이 아무것도 없다고 지난 장들에서 배우지 않았습니까? 이것은 뭔가 모순되는 것입니까? 아닙니다. 결코 그렇지 않습니다.

하나님과 연관될 수 없고 그들을 향한 하나님의 제안에 반응할 수 없는 은혜언약 안에 개인들이 있을 것이고 있습니다. 하지만 하나님께서는 자비롭게도 그들의 언약의 머리들을 통해 그들과 관계하십니다. 그들은 신자와 그들의 관계 때문에 언약 안에 있습니다. 신자의 자녀들은 자기 부모들이 신자들이기에 거룩합니다. 그들의 부모들은 언약의 머리들이고, 특별히 아버지가 신자라면 아버지가 머리입니다. 그 아버지는 자기 아내의 언약의 머리일 뿐만 아니라 자기 전체 가족의 언약의 머리입니다. 하나님께서는 그들의 언약의 머리를 통해서도 또한 자녀들과 관계하십니다. 만일 그들의 부모들이 복음의 약속을 믿는 신자들이라면, 만일 그 자녀가 개인적으로 복음의 약속들에 반응할 수 있기 전에 세상으로부터 취해졌다면, 그때 하나님께서는 부모들을 통해 그 자녀를 보십니다. 하나님께서는 은혜로 그 자녀를 그리스도를 받아들인 신자로 간주하십니다. 아무도 그리스도를 믿는 믿음과 분리하여 하늘로 오지 않고, 그것은 언약의 자녀들을 포함합니다. 심지어 그들에게도, 그것은 자동적이지 않습니다. 예수 그리스도를 믿는 믿음과 별개로 누군가에게 구원이 없습니다. 왜냐하면 유아 때에 죽은 언약의 자녀에게 있어서 다르게 해 주는 것은 그들의 부모의 믿음이기 때문입니다.

우리가 유아를 잃는 비극에 직면할 때에 우리에게 주는 위로가 얼마나 놀랍습니까! 우리 자녀들은 여호와께 속하고, 만약에 그들이 유아 때에 이 세상에서 부르심을 받는다면, 하나님께서는 은혜로 그들을 당신께로 취하십니다. 여러분이 잃은 유아는 지금 거룩한 천사들과 함께 하나님을 찬양하면서 하나님의 앞에 있습니다. 여러분이 잃은 유아는 짧은 인생을 허비하지 않았습니다. 이는 무의미한 상실이 아닙니다. 하나님께서는 여러분의 자녀를 당신께로 직접 취하시고 그 자녀는 저주 하에서 세상의 파산을 지니지 않았습니다. 그 자녀는 자신을 향한 하나님의 목적을 이루고 곧바로 우리 아버지를 찬양합니다. 그것은 여러분에게는 잃음이고, 죽음은 원수이고, 우리 아이들에 관한 한도 그러합니다. 하지만 여기에서도 또한 우리는 그리스도께서 사망을 정복하시고 그 사망의 쏘는 것을 제거하셨다고 말할 수 있습니다. 우리는 성경으로부터 이 언약신학을 가지고 있기 때문에 위로를 받을 수 있습니다. 우리는 하나님께서 신자들과 그 후손들을 포함하는 은혜언약을 가지고 계신다고 가르침을 받습니다.

저는 우리가 이 복음의 진리를 가지고 있다는 것이 얼마나 부요한지를 여러분이 알기를 원합니다. 은혜언약은 우리에게 우리와 우리 자녀들을 사랑하시는 하나님을 보여줍니다. 하나님께서는 항상 당신 백성들과 함께 자녀들을 포함시키십니다. 그리스도께서 오셔서 우리를 위해 죽으신 후에 그렇게 하시기를 멈추셨다고 생각할 이유가 없습니다. 그러면 제가 여러분에게 묻겠습니다. 여러분은 왜 더 값싼 것으로 이 진리를 바꾸기를 원하십니까? 여러분은 왜 언약적이지 않은 복음으로 만족하십니까? 좋은 소식인 복음은 우리에게뿐만 아니라 우리의 사랑하는 자녀들에게도 또한 좋은 소식입니다.

숙고와 토론을 위한 문제들

1. 우리 자녀들의 언약의 신분이 그들이 각각 다시 태어나거나 혹은 중생하게 된다는 것을 우리가 전제해야 한다는 뜻입니까? 성경에서 여러분의 답을 설명하십시오.

2. 유아성찬Paedo-communion은 모든 언약의 자녀들이 주의 만찬에 참여할 수 있다고 가르칩니다. 논의의 일부분은 우리가 한 성례(세례)에 대해서는 그들을 부인하지 않는 것입니다. 그래서 우리는 다른 성례에 대해서는 그들을 부인합니다. 여러분은 어떻게 이 견해에 대해 반응하십니까?

3. 여러분은 언약의 가정환경에서 어릴 때부터 확실하게 배운 신약성경에서의 신자에 대해 생각할 수 있습니까? 성경이 이에 대해 계시한 것에서 무슨 교훈을 얻을 수 있습니까?

4. 도르트 신경 1장 17조는 분명히 신자들의 유아 자녀들에 관해 말합니다. 우리가 성경에 근거하여 유아 때에 죽은 불신자들의 자녀들에 관해 무엇이라고 말할 수 있습니까?

5. 일부 사람들은 우리 언약의 자녀들이 빛과 소금이 될 수 있도록 하기 위해서, 그리스도를 위한 증인이 되도록 하기 위해서, 또 자기 믿음을 방어하는 법을 배우도록 하기 위해서 우리가 공립학교에 우리 언약의 자녀들을 보내야 한다고 말합니다. 우리는 이런 입장에 대해 어떻게 평가해야 합니까?

"내가 너희의
하나님이 될 것이다."

AN EASY INTRODUCTION
TO THE COVENANT OF GRACE

제 5 장
은혜언약과 공적 예배

성경: 레 10:1-11, 말 1장
신앙고백: 하이델베르크 교리문답 96문답

지난 장에서, 우리는 어떻게 은혜언약이 우리가 우리 자녀들을 보는 방식에 구체적으로 영향을 미치는지를 배웠습니다. 우리는 또한 은혜언약이 우리가 우리 자녀들을 양육하는 방식에도 영향을 미친다는 것을 배웠습니다. 예를 들면, 우리는 우리 자녀들이 항상 공적 예배에서 우리와 함께 가지는 위치가 있다고 주장하도록 우리를 인도하는 은혜언약 안에서 우리 자녀들의 위치가 있다는 것을 살펴보았습니다. 그들이 할 수 있는 한 곧바로 우리는 그들이 예배에서 우리 언약의 하나님과의 만남을 우리와 함께 가지기를 원합니다.

예배는 우리가 이 마지막 장에서 초점을 맞추고 있는 주제입니다. 우리 예배에 관한 한, 은혜언약에 대한 개혁교회의 교리가 어떤 차이를 만듭니까? 우리는 그것이 많은 다른 점을 만든다는 것을 살펴보려고 합니다. 이는 우리 예배가 우리 주변 다른 교회 단체들과 다른 이유를 설명하는 것입니다. 심지어 그들이 우리가 은혜언약을 지지하는 것처럼 그렇게 지지할지라도 말입니다.

때때로 우리는 우리와 다른 사람의 차이점을 단순히 취향이 다른 정도로 여깁니다. 한 교회는 더 '현대적인' 예배 방식을 가지고 있고, 다른 교회는 더 '전통적인' 예배 방식을 가지고 있다는 것입니다. 이것은 여러분이 쌀을 좋아하는 반면에, 저는 감자를 좋아하는 그런 방식과 유사합니다. 혹은 여러분은 '토마토tomahto'라고 말하고, 저는 '토메이토tomayto'라고 말하는 그런 방식과 유사합니다. 따라서 일부 사람들에게 있어서 예배는 단지 선호도의 문제가 됩니다. 우리는 예배가 단순히 주관적인 것일 뿐이라고 듣습니다. 만일 그것이 사실이라면, 그때는 정말로 차이점이 없을 것입니다. 우리는 모두 하나님께 예배를 드립니다. 곧 우리는 모두 동등하게 합법적으로 예배를 드립니다. 그러나 이는 정말로 사실입니까? 어떻게 우리가 원하는 대로 하나님께 예배를 드리고, 그런 다음에 그것이 선호도의 문제라고 말함으로써 자기 자신을 방어할 수 있습니까?

만일 여러분이 주목한다면, 여러분은 우리 주변의, 예배에서 진행되는 온갖 종류의 일들에 대해 불가피하게 들을 것입니다. 자기들의 예배에 요가를 받아들인 교회들도 있습니다. 인형극 혹은 춤꾼들이나 음악가들을 등장시키는 무대 공연을 가지는 교회들도 있습니다. 몇 년 전 그들의 목사가 텔레비전 쇼 '심슨 가족'에 대한 시리즈 설교를 시작했을 때에 뉴스거리가 된 캘거리 기독개혁교회 Christian Reformed church in Calgary가 있었습니다. 몇 주일 동안 그들은 앉아서 '심슨 가족'의 에피소드를 시청하고, 그런 다음에 목사는 성경 대신에 그 '심슨 가족'에 대해 설교했을 것입니다. 그는 하나님께서 인기 있는 문화에서도 또한 당신 자신을 계시하셨다고 설득하고, "그러니 어째서 하나님께서 '심슨 가족'에게 말씀하신 것에 대해 들을 수 없습니까?"

라고 말합니다.[1] 그런 설교는 정말로 단지 선호도의 문제일까요? 여러분은 성경에 대한 설교를 더 좋아합니다. 그리고 저는 '심슨 가족'에 대한 설교를 더 좋아하는 것일까요? 그것은 단지 우리가 사용한 적이 없는 다른 예배 방식일 뿐일까요? 혹은 무엇인가가 더 있습니까?

정말로 무엇인가가 더 있습니다. 많이 더 있습니다! 예배는 모두 은혜언약과, 그리고 우리가 예배를 이해하는 방식과 연관되는 것입니다. 이 장에서 우리는 은혜언약이라는 성경의 교리가 어떻게 개혁교회 예배를 독특하게 하는지를 배우려고 합니다.

개혁교회 예배의 본질

제 1장에서 우리가 먼저 배운 것들 중 하나는 은혜언약이 본질적으로 하나님께서 당신 백성과 갖는 관계라는 것

---

1 나의 소논문, "The Gospel According to Bart Simpson?" in Clarion 50, 5 (March 2, 2001), 109-110을 보세요.

이었습니다. 여호와와 신자들뿐만 아니라, 신자들과 그들의 자녀들과의 결속입니다. 이 관계는 우리가 예배를 드리는 방식을 포함한 그리스도인들의 삶에서 모든 것에 영향을 미칩니다.

우리는 또한 앞에서 하나님과 당신 백성의 언약관계가 종종 성경에서 결혼과 비교된다는 것을 살펴보았습니다. 만일 우리가 에스겔과 호세아와 같은 책들을 읽는다면, 우리는 하나님을 '자기 아내의 불신실함에 대해 불평하는 남편'으로 볼 것입니다. 결혼관계는 당연히 그렇게 해야 한다는 방식으로 유지되지 않습니다. 그런 관계는 건강한 관계가 아닙니다. 기능장애와 파산이 있습니다. 우리는 건강한 결혼관계에서 특별한 일들을 볼 것을 기대합니다. 예를 들면, 우리는 서로 교제하는 남편과 아내를 볼 것을 기대합니다. 서로 대화를 하는 남편과 아내를 볼 것을 기대합니다. 건강한 결혼에서 한 당사자가 혼자만 대화를 독점하고 다른 당사자는 앉아서 듣기만 하지 않습니다. 대화는 주거니 받거니 하는 것이 있어야 합니다.

이런 방식은 구약 예배의 방식이었습니다. 이스라엘 백성들은 성막 혹은 성전 예배를 연구하여 만들어내지 않았습니다. 성막에서(나중에 성전에서) 행해진 일들은 하나님께서 친히 제정하셨습니다. 이 일들은 율법에서 계시되었습니다. 구약에서 하나님의 백성들이 신실하고 하나님의 말씀에 따라 예배드릴 때 성소에서 행해지는 일은 하나님과 당신 백성의 관계를 반영했습니다. 여러분이 합당하게 작동하는 관계를 보기를 기대하는 것처럼 하나님과 당신 백성 사이에 주거나 받거니 하는 것이 있었습니다. 하나님께서는 백성들이 모일 때에 성막에 현존하셨습니다. 하나님께서는 당신 백성에게 복 주시기 위해서 특별한 방식으로 현존하셨습니다. 백성들은 자기 희생제물, 찬송, 기도를 가지고 그곳에 있었습니다. 희생제물은 제사장들의 중보를 통해 드려졌습니다. 성막 예전에서 특별한 지점에서, 제사장들은 하나님과 하나님께서 말씀하시고 행하시는 것을 대신했습니다. 다른 지점에서 제사장들은 백성들과 백성들이 말하고 행하는 것을 대신했습니다. 이 모든 것을 통해 주거니 받거니 하는 것이 있었습니다. 성막에서 이동이 있었습니다.[2] 게다가 이 모든 것은 우선적으로 우리 구주 예수 그리스도를 가리킵니다. 동시에 이 모든 것은 '관계'를 말해 줍니다.

신약에서 우리는 더 이상 구약에서처럼 성전 혹은 성막을 가지고 있지 않습니다. 그리스도께서는 하늘, 곧 참된 지성소에 계십니다. 복음은 그리스도께서 하나님의 진노를 돌이켜 하나님의 호의로 되돌려 놓기 위해 '우리 죄를 위한 희생제물'이 되셨다고 선포합니다. 십자가에서 그리스도의 고난과 죽음을 통해 우리는 거룩하신 하나님과 화목하게 되었습니다. 그러므로 죄를 위한 희생제사는 더 이상 필요하지 않고 정말로 전 의식의 체제는 성취되었습니다. 하지만 하나님께서는 당신 백성에게 당신을 예배하라고 요구하시고, 당신께서 당신 백성이 함께 모일 때에 그들을 복 주시기 위해서 그곳에 있을 것이라고 약속하셨습니다. 이것은 중요한 요점입니다.

---

2 이에 대해서는 G. Van Dooren, The Beauty of Reformed Liturgy(Winnipeg: Premier Publishing, 1980), 16-20에서 더 자세히 설명되어 있습니다. 역주─ 이 책의 한국어 번역판은 예배의 아름다움, 안재경 옮김, 학생신앙운동출판부 (1994.06.01.)에서 출간되었습니다.

정말로 예배를 위해 함께 모인 신자들에 대해 특별한 것이 아무것도 없다고 말하는 사람들이 있습니다. 일부 사람들은 하나님께서 모든 곳에 계시므로, 우리가 하나님을 예배하기 위해서 굳이 교회로 갈 필요가 없다고 말합니다. 하나님께서는 앨곤킨 공원Algonquin Park에 계십니다. [역주 – 앨곤퀸 공원은 캐나다 Ontario주 동부의 주립 공원이고, 호수가 많다.] 그래서 나는 내 카누를 타고 주일에 교회 대신에 앨곤킨 공원으로 가서 하나님께 예배를 드립니다. 어째서 갈 수 없습니까? 어째서 여기로 갈 수 없습니까? 왜냐하면 하나님께서 앨곤킨 공원에서 말씀과 성례로 여러분에게 복 주실 것이라고 약속하지 않으셨기 때문입니다. 하나님께서는 그곳에 계십니다. 그러나 공적 예배에서 하나님의 백성이 은혜방편 가까이에 함께 모일 때에 하나님께서 특별한 방식으로 현존하십니다. 이는 매우 특별하여 사도 바울이 고린도전서 3장 16-17절에서 실제로 교회(건물이 아니라 사람들)가 하나님의 성전이라고 말할 정도였습니다. 교회는 영적인 집, 곧 영적 제사의 제물을 드리는 곳입니다. 교회는 신약의 성전입니다. 하나님께서는 구약 성전에서 당신 백성에게 복 주시기 위해 임재하실 것이라고 약속하셨습니다. 이제 하나님께서는 또한 교회가 말씀의 사역과 성례를 받기 위해서 당신 앞에 함께 모일 때에, 신약에서 당신 백성에게 복 주시기 위해서 임재하실 것을 약속하셨습니다.

그래서 성경은 하나님께서 당신 백성이 당신의 부르심에 순종하여 함께 모일 때에 특별한 방식으로 임재하신다고 가르칩니다. 그 모임은 하나님께서 당신 백성과 갖는 관계를 반영해야 합니다. 그 모임은 언약을 반영해야 합니다. 그래서 주거니 받거니 하는 것이 있어야 합니다. 곧 예배에서 쌍방의 교제가 있어야 합니다. 예배는 항상 우리가 하나님께만 말하는 독백이 될 수 없습니다. 그 반대로 예배는 항상 하나님께서 우리에게 말씀하시는 것만이 있을 수도 없습니다. 우리의 예배는 두 당사자의 관계를 반영해야 하고 합당하게 작동을 하는 관계는 주거니 받거니 하는 교제, 곧 대화로 진행되어야 합니다. 개혁교회 예배의 본질은 하나님과 하나님의 백성의 언약관계를 반영하는 것입니다.

게다가 우리는 항상 이 관계가 대등한 두 당사자의 관

계가 아니라는 것을 기억해야 합니다. 하나님께서는 은혜언약에서 무한히 위대하신 분이십니다. 하나님께서는 은혜롭게도 이 관계를 주도하시는 분이십니다. 하나님께서는 당신 앞으로 우리를 부르시는 분이십니다. 하나님께서는 주권적이시고 거룩하십니다. 이 모든 것이 사실이기에, 우리는 하나님께서만 우리가 이 예배에서 대화할 용어를 결정할 권리를 가지고 계신다는 것을 인정합니다. 우리는 적합한 것과 적합하지 않은 것을 결정하지 않습니다. 우리는 그런 특권을 가지고 있지 않습니다. 하나님께서 은혜언약 안에서 우리와 연관되시는 분이시기에, 우리는 우리가 행할 것과 우리가 말할 것을 결정하는 일을 하나님께 맡겨두어야 합니다.

따라서 이것은 우리가 교리문답의 96문에서 고백하는 것입니다.

문 : 하나님께서 제 2계명에서 요구하시는 것은 무엇입니까?

답 : 우리는 어떠한 방식으로도 하나님의 형상을 만들지 않아야

하고, 하나님께서 당신의 말씀에서 명하신 것 이외에 어떤 다른 방식으로 하나님을 예배하지 않아야 한다는 것입니다.

이것은 언약의 두 번째 말씀에 관한 것입니다. "너를 위하여 새긴 우상을 만들지 말고 또 위로 하늘에 있는 것이나 아래로 땅에 있는 것이나 땅 아래 물 속에 있는 것의 아무 형상이든지 만들지 말며…" 우리는 우리가 하나님께서 당신의 말씀에서 명하신 것 이외에 어떤 다른 방식으로 하나님을 예배하지 않아야 한다고 고백합니다. 우리는 이것을 예배를 규정하는 원리라고 부릅니다.[3] 이 원리는 우리의 예배에 오직 성경 Sola Scripura 를 적용하는 것입니다. 우리는 우리 편에서 하나님을 예배하는 방식을 결정하지 않습니다. 잘 보시기 바랍니다. 이것은 많은 다른 기독교 예배 방식과 상당히 다릅니다. 대부분의 다른 기독교 예배들에 있어서, 그 원리는 성경이 그것을 금하지 않는다면 그것을 할 수 있다는 것입니다. 그것은 약간 이

---

[3] 규정하는 원리는 또한 벨직신앙고백 7조와 32조에서도 발견됩니다. 나의 책, The Whole Manner of Worship: Worship and the Sufficiency of Scripture in Belgic Confession Article 7 (Edmonton: Still Waters Revival Books, 1997)을 보십시오.

상한 예배 실행으로 이끌 수 있는 것입니다. 성경은 예배에서 요가를 금지하지 않습니다. 그래서 여러분은 요가를 할 수 있다는 것입니다. 그렇지 않습니다. 우리는 말하기를, 우리는 오직 하나님께서 명령하신 대로만 하나님을 예배해야 한다고 합니다. 하나님께서는 요가를 하라고 우리에게 명령하지 않으셨습니다. 그래서 우리는 요가를 하지 않는다고 말합니다. 혹은 제가 앞에서 언급한 '심슨 가족'에 관해 생각해 봅시다. 인기 있는 접근은 "하나님께서 주일 아침에 대형 스크린으로 '심슨 가족'을 보는 것을 금지하지 않으셨다는 것입니다. 그래서 우리는 그렇게 할 수 있다는 것입니다. 우리는 하나님의 명령에서 더하거나 뺄 수 없습니다. 하나님께서는 '심슨 가족'을 보고 설교하는 것으로 성경을 읽고 설교하는 것을 대신하라고 우리에게 명령하지 않으셨습니다. 그래서 우리는 단순히 그렇게 할 수 없습니다. 예배를 규정하는 원리는 온갖 종류의 탈선과 이탈에 대비하는 보호 장치입니다.

우리 언약의 하나님께서는 매우 심각하게 예배를 대하십니다. 그러니 우리도 그러해야 합니다. 우리는 레위기

10장에서 이에 대해 강력하게 예증되는 것을 봅니다.

> ¹ 아론의 아들 나답과 아비후가 각기 향로를 가져다가 여호와의 명하시지 않은 다른 불을 담아 여호와 앞에 분향하였더니 ² 불이 여호와 앞에서 나와 그들을 삼키매 그들이 여호와 앞에서 죽은지라. ³ 모세가 아론에게 이르되 이는 여호와의 말씀이라 이르시기를, 나는 나를 가까이 하는 자 중에 내가 거룩하다 함을 얻겠고 온 백성 앞에 내가 영광을 얻으리라 하셨느니라. 아론이 잠잠하니라.

나답과 아비후는 '허락받지 않는 불'을 담아 여호와 앞에 분향했습니다. 연관된 상세한 내용은 분명하지 않습니다. 분명한 것은 그들이 허락받지 않은 방식으로 하나님을 예배하려고 시도했다는 것입니다. 나답과 아비후에게 모든 일이 잘 되지 않았습니다. 아무리 그들이 선의로 한 일일지라도, 하나님께서는 그들의 예배를 기뻐하지 않으셨고, 완전히 반대였습니다! 그들은 거룩하신 언약의 하나님께서 소멸하는 불이시라는 사실을 힘든 방식으로 배웠습니다(히 12:28-29). 그들은 오직 하나님께서 명령하신 대로만 하나님을 예배해야 했고, 우리도 그러해야 합니다.

5장 은혜언약과 공적 예배

제 2계명은 오늘날 그리스도인인 우리에게도 여전히 효력이 있고, 우리는 그 계명을 존중해야 합니다. 그리스도인들이 그리스도에 의해 구속받았을 때에, 우리는 그 계명을 존중하기를 원하지 않을까요? 그리스도의 피로 사신 바 된 신자가 왜 스스로 자격을 박탈하고 "하나님이여, 잊지 마소서. 저는 당신께서 나를 너무나 사랑하셔서 나의 죄를 위해 죽도록 당신의 아들을 보내 주셨다는 것을 압니다. 그러나 나는 내 방식대로 당신을 예배하기 원합니다."라고 말합니다. 확실히 이렇게 하는 것은 어리석은 일입니다. 예수님은 요한복음 14장 15절에서 이에 대해 분명히 하셨습니다. "너희가 나를 사랑하면 나의 계명을 지키리라." 그리스도를 사랑하고 그리스도를 믿는 참 믿음을 가진 사람들은 하나님의 길을 따라가기를 원하는 삶 속에서 믿음의 열매를 맺습니다. 이는 예배에 대해서도 그러합니다.

개혁교회 예배의 요소들

우리는 개혁교회 예배의 요소들을 토론하려고 할 때에 정확하게 하나님께서 기독교 예배를 위해 명령하신 것이 무엇인가를 생각하게 됩니다. 만일 하나님께서 은혜언약 안에서 인도하는 당사자시라면, 하나님께서 당신과 우리의 만남의 요소들로써 무엇을 제시하셨습니까? 그것은 정말로 매우 단순합니다. 하나님께서는 성경 봉독과 성경의 설교를 명령하셨습니다(딤후 4:2). 기도가 있습니다(딤전 2:8). 기독교 구제품을 주는 것, 가난한 자들을 위하여 물건을 주는 것이 있습니다(신 16:17, 고전 16:1-2). 시편과 찬송을 노래하는 것이 있습니다(엡 5:19, 골 3:16). 세례와 주의 만찬의 집행이 있습니다(마 28:19, 고전 11:23-26). 몇 몇 경우(예를 들면, 신앙의 공적고백, 직분자의 취임/임직)에, 또한 여호와와 당신 백성 앞에서 서약하는 것이 있는데, 이것은 구약과 신약 둘 다에서 발견되는 것입니다(하이델베르크 교리문답의 제 37주일을 보십시오). 이런 것들은 하나님께서 명령하신 예배의 요소이고, 우리는 감히 이런 요소들에서 더하거나 빼지 않아야 합니다.

그러나 아마도 이것은 여러분의 마음에 몇 가지 의문

을 불러일으킬 것입니다. 우리가 예배할 때 어떠합니까? 혹은 우리 예배에서 악기들은 사용합니까? 이런 질문들에 책임 있게 답하기 위해서 알아야 할 필요가 있는 중요한 독특성이 있습니다. 우리는 예배의 환경과 예배의 요소들을 구별해야 합니다. 예배의 요소들은 하나님의 말씀에서 명령된 것들입니다. 곧 설교와 찬송과 기도 등등입니다. 예배를 규정하는 원리는 예배의 요소들을 지배합니다. 예배의 환경은 예배의 요소를 둘러싸고 있는 것, 부수적인 것입니다. 예를 들면, 우리는 오전 9시 30분과 오후 3시 30분에 예배를 드립니다. 하나님의 말씀은 이 예배를 드리는 정확한 시간을 명령하고 있지 않습니다. 실제로 우리는 우리가 주일에 예배드릴 시간을 결정할 자유가 있습니다. 당회들은 이 시간들을 결정하기 위해서 하나님의 말씀에서 주어지는 지혜를 사용해야 합니다. 물론 지혜의 부분은 또한 회중의 환경을 고려해야 한다는 것을 의미합니다. 우리가 사용하는 악기들의 종류도 또한 성경에서 명령되어 있지 않습니다. 성경은 우리가 오르간이나 피아노, 혹은 심지어 어떤 악기를 사용할 것을 요구하지 않습니다. 우리의 많은 브라질의 형제들과 자매들은 어떤 악기의 반주도 없이 매주일 예배를 드리는데, 이런 상황도 또한 받아들일 수 있습니다. [역주 - 브라질은 아마도 캐나다 개혁교회의 선교지역이다. 저자는 이전에 브라질에서 선교사로 사역했었다.] 악기와 악기의 선택은 부차적인 것이고, 악기의 반주는 찬송하는 것을 지원하고 강화하기 위해서 하는 것입니다. 이런 일들은 환경이므로 규정하는 원리에 지배되지 않습니다.

아마도 다른 의문들이 있을 것입니다. 아마도 누군가가 우리의 전형적인 예배의 순서를 살펴보고 "만일 당신들이 언급하는 예배의 요소들이 있어야만 한다면, 여러분은 예배 부름Votum과 축복의 인사Salutation와 십계명과 같은 것들을 어떻게 설명하십니까?" 이에 대해 답하기 위해서, 여러분은 이 모든 요소들이 성경과 연관된다는 것을 주목하십니까? 이 요소들은 성경읽기의 관할 하에 있습니다. 성경은 우리 예배의 시작에서뿐만 아니라 전체 예배에서 계속 사용됩니다. 실제로 이것은 개혁교회 예배의 다른 독특한 특징입니다. 곧 예배에서 성경이 있고, 성경을 펴고, 성경이 처음부터 끝까지 사용됩니다. 심지어 우리의 찬송에서도 성경이 사용됩니다! 우리의 찬송가의 대부분은 하나님의 말씀으로부터, 곧 시편들과 성경에 근거한 찬송들로부터 직접 가져온 것입니다. 이것은 우리 개혁교회 유산의 가장 부요한 부분들 중 하나이고, 종종 그런 유산을 가지고 성장하지 않은 방문자들에게 충격을 줍니다.

[역주 – 개혁교회들은 예배에서 시편찬송과 찬송으로 구성된 찬송가를 사용한다. 찬송도 성경에서 가져온 것이다. 한국교회의 상황에서 다른 찬송가를 사용하던 성도들이 방문하면 크게 당황할 것이다.]

그래서 은혜언약 안에서 하나님의 위치는 하나님께서만 우리가 예배에서 행할 것을 결정할 수 있기 때문에 우리 예배에 영향을 미칩니다. 우리는 이런 하나님께서 명령하신 요소들을 가지고 있습니다. 그러나 이런 요소들이 어떻게 예배의 순서들에서 조직되어야 합니까? 이것은 또한 언약이 역할을 하는 지점입니다.

개혁교회 예배의 구조

만일 우리가 예배의 요소들을 살펴본다면, 우리가 여

기서 가야하는 방향에서 우리에게 지적해 주는 어떤 것이 있습니다. 이 요소들 중 일부는 우리 편에서 온 것입니다. 예를 들면, 우리는 기도합니다. 우리는 헌금을 드립니다. 우리는 찬송합니다. 하나님 편에서 온 다른 요소들이 있습니다. 하나님께서는 성경봉독과 설교를 통해 우리에게 말씀을 하십니다. 이것으로부터 따라오는 몇 가지가 있습니다.

우리 예배의 기본적인 구조는 하나님과 당신 백성의 언약관계를 반영하는 것입니다. 사람 편에서의 요소들과 하나님 편에서의 요소들이 있고, 그 두 편의 요소들은 언약의 대화를 반영하는 방식으로 한데 모아집니다. 예배의 과정을 통해서 하나님과 당신 백성 사이에 주거니 받거니 하는 것이 있어야 합니다. 그것은 전형적인 개혁교회 예배순서에서 나타나는 것입니다. 우리는 이 패턴을 압니다. 곧 하나님께서 말씀하시고 하나님의 백성들은 반응합니다. 그래서 예를 들면, 예배의 처음에 예배의 초청 call to worship이 있어야 하는데, 그것은 하나님께서 말씀하시는 것입니다. 하나님의 백성들은 시편 124편 8절에서 예배의 부름votum으로 반응합니다. 그 다음으로 하나님께서는 축복의 인사salutation에서 인사와 축복의 말씀을 하십니다. 그 다음으로 우리는 찬양의 노래로 반응합니다. 전체 예배의 과정이 진행되는 동안 주거니 받거니 하는 것이 있습니다.

예배의 시작과 끝은 어떻습니까? 어떻게 합니까? 만일 우리 예배가 은혜언약과 연결되어 있다면, 또 하나님께서 은혜언약 안에서 첫 번째 말씀을 하시는 분이시라면, 하나님께서 예배에서 첫 번째 말씀을 하셔야 한다는 것은 의미가 없는 것일까요? 하나님께서는 은혜언약 안에서 주도하십니다. 하나님께서는 은혜언약 안에서 첫 번째 말씀을 하십니다. 이런 이유로 개혁교회 예배는 예배의 초청으로 시작해야 합니다. 개혁교회 예배는 악수로 시작하지 않습니다. 개혁교회 예배는 예배의 부름votum으로 시작하지 않습니다. 하나님과 우리의 만남은 하나님께서 말씀하실 때에 시작합니다. 마찬가지로, 하나님과 우리의 만남은 하나님께서 말씀하심으로 끝납니다. 우리 언약의 하나님께서는 우리가 축복의 말씀benediction에서 당신의 복을 가지고 가게 하십니다. 하나님께서는 우리 예배에서 첫 번째 말씀을 하시고, 또 마지막 말씀을 하십니다.

하나님께서는 또한 말씀의 사역과 성례를 예배의 중심에 두십니다. 또한 이는 은혜언약 안에서 하나님의 존귀하신 위치를 반영합니다. 여러분이 주변을 살펴볼 때 사람들이 종종 예배의 중심이 우리이고, 하나님과의 만남의 시간에서 우리가 하나님을 위해 행할 것을 생각하는 것 같습니다. 저는 이전에 45분 동안 찬송을 하는 것으로 시작하는 예배를 지켜본 적이 있습니다. 45분 동안 찬송을 하고, 그 다음으로 찬양 인도자는 "이제 예배가 끝났기 때문에, 우리는 데이브Dave 목사님께 메시지를 들을 것입니다."라고 말했습니다. 이것은 예배의 진짜 중심에 우리와 우리의 찬송을 두는 것 같은 인상을 줍니다. 이것은 예배에 대한 성경적인 접근이 아닙니다. 예배의 중심에 하나님과 하나님께서 행하심이 있습니다. 이런 이유로 개혁교회 예배에서는 하나님의 말씀의 설교와 성례들의 집행이 항상 중심에 있습니다. 이것은 개혁교회 예배의 정상, 절정입니다. 믿음을 창조하시고 육성하시는 분은 당신의 종들 중 한 사람을 통해 우리에게 당신의 말씀을 가지고 오시는 하나님이십니다. 우리의 믿음을 강화하시는 분도 당신의 종들 중 한 사람을 통해 우리에게 성례들을 가져오시는 하나님이십니다. 이런 것들은 중심에 있는데, 그 이유는 하나님께서 은혜언약의 중심에 계시기 때문입니다.

이와 밀접하게 연관된 것은 은혜언약의 중보자로서 그리스도의 위치입니다. 우리는 그리스도의 중보를 통해 하나님의 임재로 들어갈 것을 기대할 수 있습니다. 우리 스스로는 거룩하신 하나님께 나아갈 권리가 없습니다. 어쨌든 우리는 큰 죄인들입니다. 하나님께서는 거룩하시고 우리는 혼자서는 거룩하지 않습니다. 만일 우리가 우리 있는 그대로 나아온다면, 우리는 죽을 것입니다. 하지만 우리는 그리스도께서 계시고, 그리스도께서는 큰 차이를 만드십니다. 그리스도의 피를 통해 우리는 구원을 위해서뿐만 아니라 예배와 우리의 위대하신 하나님의 임재로 들어감을 위해서 깨끗하게 되고 정결함을 받았습니다. 따라서 우리 예배의 중심에 이 구주를 가리키는 말씀의 사역과 성례가 있는데, 그것은 성경적 예배의 중심에서 일어나는 일입니다. 이 예수님 중심의 초점은 설교와 성례들이 개혁교회 예배에서 주목을 받는 이유입니다. 설교와 성례들은 예수님을 가리킵니다. 여러분도 알다시피, 설교와 성례들은 우리에 관한 것이 아니라 예수님에 관한 것입니다.

개혁교회 예배의 방식style

은혜언약 안에서 최고의 위치에 있는 것으로써 하나님을 보는 것은 또한 개혁교회 예배의 방식style에 상당한 영향을 미쳐서 구별하게 합니다. '방식style'으로, 저는 예배에 대한 우리의 태도, 우리의 옷과 품행, 우리 교회의 건축술, 우리의 음악이 연주되고 찬송되는 방식 등등과 같은 것들을 생각하고 있습니다. 이런 것들은 사소하거나 혹은 중요하지 않은 문제들이 아닙니다. 우리가 하나님의 임재로 들어가는 방법과 우리가 하나님 임재 가운데서 행하는 방법은 엄청나게 중요합니다.

우리는 말라기 1장, 특별히 6-8절의 이런 말씀들에서 그 사실을 배울 수 있습니다.

> ⁶ 내 이름을 멸시하는 제사장들아, 나 만군의 여호와가 너희에게 이르기를, 아들은 그 아비를, 종은 그 주인을 공경하나니 내가 아비일진대 나를 공경함이 어디 있느냐? 내가 주인일진대 나를 두려워함이 어디 있느냐? 하나 너희는 이르기를, 우리가 어떻게 주의 이름을 멸시하였나이까? 하는 도다. ⁷ 너희가 더러운 떡을 나의 단에 드리고도 말하기를, 우리가 어떻게 주를 더럽게 하였나이까? 하는 도다. 이는 너희가 주의 상은 경멸히 여길 것이라 말함을 인함이니라. ⁸ 만군의 여호와가 이르노라. 너희가 눈먼 희생으로 드리는 것이 어찌 악하지 아니하며 저는 것, 병든 것으로 드리는 것이 어찌 악하지 아니하냐? 이제 그것을 너희 총독에게 드려보라. 그가 너를 기뻐하겠느냐? 너를 가납하겠느냐?

선지서들 중 많은 곳에서 우리는 당신 백성에게 언약의 소송을 제기하시는 하나님을 발견합니다. 하나님께서는 당신 백성과 이 언약관계를 가지시고, 당신 백성은 그 관계를 깨뜨렸습니다. 그들은 여호와를 믿고 따르지 않았습니다. 그래서 여호와께서는 당신의 선지자들로 그들을 공격하게 하시어 그들이 자신의 언약의 파기를 대면하게 하셨습니다. 말라기 1장에서, 여호와께서는 그들의 예배에 대해 말씀하십니다. 표면적인 수준에서는 백성들이 여호와께서 명령하신 대로 하나님을 신실하게 예배하는 것처럼 보였습니다. 그러나 하나님께서는 실제로 무슨 일이 일어나고 있는가를 보셨습니다.

실제로 일어나고 있던 일은 백성들이 뒤떨어진 희생제물을 가지고 와서 하나님께서 주목하지 않으실 것이라고 생각한 것입니다. 어쨌든 다른 사람들은 주목하지 않았습니다. 그래서 예를 들면, 8절은 백성들이 희생제사를 위해 눈먼 동물들을 끌고 왔다고 말합니다. 그 동물이 눈먼 것은 다른 어떤 사람에게는 분명하지 않았을 것입니다. 하지만 하나님의 율법은 최상의 희생제물만 당신께 가지고 와야만 한다고 분명히 명령하셨습니다(예를 들면, 레 22:22). 하나님께서는 최상이고 가장 우수한 동물들만을 원하셨습니다. 하지만 여기에서 이스라엘 백성들은 율법을 무시하고 하나님께서 보지 않으실 것이라고 생각하면서 약하고 병든 동물들을 하나님께 드렸습니다. 그런 다음에 하나님께서는 8절에서 이렇게 말씀하십니다. "인간의 법칙과 연관하여 생각해 보라. 너희 인간 통치자에게 약하고 병든 동물들을 선물로 끌고 가보라. 너희의 두 번째 좋은 것 혹은 세 번째 좋은 것을 그 통치자에게 드리려고 해보라. 그가 그것을 받아들일지 보라!"

이는 예배에 관한 중요한 원리를 우리에게 가르칩니다. 하나님께서 높아지셨으므로, 하나님께서 언약관계 안에서 최고의 위치를 가지기 때문에, 그분께서 우리 하나님이시기 때문에 우리는 오직 우리의 최상의 것만을 하나님께 가지고 가기를 원합니다. 하나님께서는 그럴만한 자격이 있으십니다. 그것은 우리가 교회 갈 때에 옷을 입는 방법과 같은 그런 외적인 일들에 적용됩니다. 우리가 정말로 온 우주에서 가장 높으신 왕과 특별한 방식으로 만나고 있다는 사실을 믿습니까? 그러면 이는 우리가 옷을 입는 방식에서도 반영되어야 합니다. 우리는 교회 갈 때에 입는 복장 규정을 정하기를 원하지 않습니다. 우리는 다른 사람들을 보지 않아야 합니다. 우리 각자가 스스로

교회 갈 때에 옷 입는 방식에 대해 세심하게 살펴야 합니다. 우리가 만왕의 왕과 만날 때에 최선을 다합니까? 이런 자세는 모든 것에 적용됩니다. 이런 자세는 우리의 찬송에도, 악기 반주에도, 설교 준비에도, 우리가 우리 교회 건물을 다루는 방식에도, 설교에 집중하는 데도 적용됩니다. 모든 일에 있어서, 우리는 우리 언약의 하나님께 우리가 예배를 드릴 때에 최상의 것을 드리기를 원합니다. 하나님께서는 그 최상의 것을 받으실만하십니다. 하나님께서는 그 최상의 것을 받으시기에 합당하십니다.

하지만 분명히 합시다. 그것은 단지 외적인 것들만이 아닙니다. 외적인 것들은 심지어 가장 중요한 것이 아닙니다. 대부분의 중요한 일은 여러분이 이스라엘의 거룩하신 분께 나아갈 때에 여러분의 마음, 여러분의 태도에서 이루어지고 있는 것입니다. 하나님께서 바라시는 무엇보다 우선적인 것은 여러분의 마음, 곧 당신을 사랑하고 당신을 영광스럽게 하기 원하는 마음입니다. 우리 마음이 하나님의 은혜로 살게 될 때에, 우리가 이 높으신 하나님께 얼마나 엄청나게 사랑을 받는지를 알 때에, 우리가 언약관계가 얼마나 귀한지를 알 때에, 이를 아는 것은 불가피하게 우리가 이 언약의 하나님과 만나러 가는 방식에 영향을 미칩니다. 이를 아는 것은 우리의 태도를 형성시켜 줄 것입니다. 우리가 해야 하기 때문에, 혹은 정말로 우리가 원하기 때문에 우리가 하나님의 존전으로 들어갑니까?

가능한 한 분명히 말해 보면, 우리 예배의 방식은 이 하나님이 우리와 언약을 맺으신 분이시라는 우리 이해를 반영하는 것입니다. 이 하나님께서 높으시고, 존귀하시고, 장엄하시고, 초월적인 하나님이십니까? 혹은 우리는 이 하나님에 대해 멀리서 살펴보시는 분이시고 우리 예배에 정말로 임재하지 않으시는 분이라고 생각합니까? 혹은 더 심하게, 심지어 이 하나님을 마치 이등급 혹은 삼등급인 것처럼 우리가 우리에게서 얻을 수 있는 것을 항상 취하는 저속한 신으로 생각하십니까? 기본적으로 우리는 하나님의 말씀이 당신 자신에 관해 말한 것을 받아들이고 믿으며, 그것이 하나님과 우리의 만남의 방식에 영향을 미치게 합니까?

결론을 맺으면서, 다시 우리가 개혁 교회들로서 가지는 부요함을 인정합시다. 우리는 예배를 위하여 하나님의 말씀을 사용하고, 주일에 하나님을 만날 때에도 또한 오직 성경Sola Scriptura을 진지하게 받아들이는 부요한 유산이 있습니다. 우리가 하나님을 언약의 하나님으로 진지하게 받아들이기 때문에 우리는 그렇게 합니다. 하나님께서는 우리에게 다가오셔서 우리를 당신의 소유라고 부르셨습니다. 하나님께서는 "나는 너희 하나님이고 너희는 내 백성이다."라고 말씀하셨습니다. 하나님께서는 "내가 너희 하나님이다."라고 말씀하실 때에 "내가 너희에게 가장 중요한 존재다. 내가 이 관계에서 최우선이다. 오직 나만이 너희가 나를 어떻게 예배할 것인지를 결정한다."라고 말씀하시는 것입니다. 우리가 그리스도와 연합했으므로, 그리스도의 영께서 우리 마음을 움직이시므로, 우리는 이 주장에 대해 열정적이고 자발적으로 확신하는 말로 반응합니다. 개혁교회 신자들은 항상 이 진리를 인정합니다. 우리도 계속해서 그렇게 해야 합니다. 다른 교회들은 더 나은 예배 '경험'을 제공할 것입니다. 그 교회들에서 사용하는 음악은 성도들이 순간순간 뜨거운 감정을 느낄 수 있게 해 줄 것입니다. 그러나 성경은 그 중심에 이런 것들을 두고 있지 않습니다. 성경은 그 중심에 여러분을 두고 있지 않습니다. 그러니 우리도 그렇게 하지 않아야 합니다. 만일 우리가 성경을 따른다면, 기독교 예배의 중심은 무대가 아니라 설교단이 되어야 합니다. 언약 안에서처럼, 하나님께서 그 중심에 계시고, 하나님의 말씀이 그 중심에 있고, 예수 그리스도의 복음이 중심에 있습니다. 이는 개혁교회 예배를 뚜렷이 구별해 주는 것입니다.

숙고와 토론을 위한 문제들

1. 시편들을 찬송하는 것이 어떻게 개혁교회 예배의 언약의 특성을 강화합니까?

2. 구약에서, 선지자들은 때때로 실물 교육으로 하나님의 언약백성들에게 이의를 제기합니다. 예를 들면, 에스겔 12장에서 선지자의 행동은 유다의 포로됨을 상징합니다. 여러분은 이 실물교육이 오늘날 공적 예배에서 유사한 실물 교육의 사용을 정당화한다고 논의하는 사람들에게 어떻게 대응하시겠습니까?

3. 개혁교회의 언약적 예배에서 예술적인 창조성을 둘 위치가 있습니까? 왜 그렇습니까? 혹은 왜 그렇지 않습니까?

4. 우리의 배경을 공유하지 않은 방문자들에게 개혁교회 예배를 이해할 수 있거나 받아들일 수 있게 하기 위해서 어떤 종류의 허용이 있을 수 있고, 또 있어야 합니까? 예를 들면, 목사가 매 주일 아침에 십계명을 읽는 이유를 간단하게 설명하는 것은 받아들일 수 있을까요?

5. 만일 우리가 자기 집에서 편안하게 온라인 예배를 시청할 수 있다면, 우리는 왜 굳이 교회 건물에서 공적 예배를 드리기 위해서 이동하는 수고를 해야 할까요? 정말로 그것은 우리가 직접 교회 건물 안에 있는지의 문제입니까?

"내가 너희의
하나님이 될 것이다."

"내가 너희의
하나님이 될 것이다."

AN EASY INTRODUCTION
TO THE COVENANT OF GRACE

부록 Appendix

부록 – 은혜언약 교리에서의 일곱 가지 본질적인 특징

좋은 특징들은 건전한 신학의 본질에 속합니다. 좋은 특징들은 신학자들에게 중요한 도구입니다. 비록 이 특징들이 전문적일지라도, 설교자들도 마찬가지로 종종 이 특징들을 사용합니다. 설교자들은 항상 명시적으로 언급하지 않습니다. 심지어 제가 항상 노골적으로 일곱 가지 특징들을 언급하지는 않았을지라도, 이전 장들에서 저는 아래에서 일곱 가지 특징들을 가지고 기술했습니다. 이 특징들은 더 신학적으로 공부하고 싶은 독자들을 위해서 여기에 포함시킵니다.

우리는 이 시대의 은혜언약의 집행과 이전 시대들의 은혜언약의 집행을 구별합니다.

성경에는, 곧 구약과 신약 둘 다에서는 본질적으로 한 은혜언약이 있습니다. 그러나 개혁신학은 이 하나의 은혜언약에 여러 집행들이 있다는 것을 인정합니다. 각각의 집행은 그 자체의 특징이 있습니다. 예를 들면, 아브라함에게 집행된 은혜언약은 자손과 땅의 약속을 포함하고, 할례의 표와 인을 포함합니다(창 17:1-14). 오늘날 신자들과 그 자녀들에게 집행된 은혜언약은 예수 그리스도 안에서 복음의 약속을 포함하고 세례의 표와 인을 포함합니다.

우리는 이 은혜로운 관계 안에서 두 당사자를 구별합니다. 한 편은 하나님이고, 다른 편은 모든 신자들과 그들의 모든 자녀들입니다. 예수 그리스도께서는 이 두 당사자 사이에서 중보하십니다.

당연히 모든 언약에는 당사자들이 있습니다. 은혜언약 안에서 창조주께서는 특정 피조물, 곧 신자들과 그들의 자녀들과 연관되십니다. 그러나 의도된 대로 이 관계가 제대로 작동하기 위해서는, 이 관계는 거룩하신 하나님과 죄악된 사람들을 포함하기 때문에, 중보자가 요구되고 히브리서 8장 6절과 같은 구절에 따라 그리스도께서는 그 중보자이십니다.

우리는 은혜언약 안에서 더 위대한 당사자와 더 약한 당사자를 구별합니다. 하나님께서는 무한히 더 위대하신 분이시고 하나님의 백성들은 더 약한 자들입니다. 그러므로 오직 하나님께서만 이 은혜로운 관계를 주도하시고 그 규정들을 결정하십니다.

창조주와 피조물은 (존재론적으로) 그 존재에 있어서 서로 구별될 뿐만 아니라 (질적으로) 그 탁월함에 있어서 구별됩니다. 창조주께서는 당신의 크신 위엄으로 모든 인간의 창조물들보다 훨씬 더 탁월하십니다.시 145:3 이는 우리가 은혜언약의 첫 번째 집행에서 아담, 이어지는 집행에서 아브라함, 그 후에 이스라엘 백성들을 추적하시는 하나님을 살펴볼 때에 역사적으로 이루어집니다. 은혜언약의 모든 집행은 하나님께서 주도적으로 시작하시고 규정들을 결정하신다는 것을 보여줍니다.

우리는 은혜언약 안에서 약속과 책임을 구별합니다. 하나님께서는 이 관계 안에서 약속을 주시고 책임 혹은 조건을 부과하십니다.

약속과 책임은 성경에서 언약관계의 본질에 포함됩니다. 약속과 책임 없이는 언약관계가 있을 수 없을 것입니다. 이전의 구별 때문에, 약속되는 것과 기대되는 것을 주권적으로 결정하시는 분은 바로 하나님이십니다.

우리는 복음의 약속을 널리 퍼뜨리시는 하나님과 약속된 것을 받는 사람을 구별합니다. 하나님께서는 복음의 약속을 은혜언약 안에 있는 모든 사람들에게만이 아니라 약속된 것을 받지 않는 모든 사람에게도 널리 퍼뜨리십니다.

모든 언약회원들이 자동적으로 약속된 것을 받는다고 말할 수 없습니다. 이는 에서의 경우처럼 성경에서 예들로부터 증명됩니다. 이삭의 아들인 에서는 은혜언약의 집행 안에 포함되었습니다. 에서는 할례, 곧 그 언약집행의 표와 인을 받았습니다. 하지만 성경은 에서가 약속된 것을 받지 못했다고 말합니다 말 1:2-3.

우리는 은혜언약 안에서 우선하는 조건과 결과적인 조건을 구별합니다. 우선하는 조건은 그리스도와 그리스도의 모든 구원의 은덕들과 하나로 연합하게 하는 참 믿음입니다. 결과적인 조건은 믿음의 열매, 성장에 있어서 그리스도와의 연합, 하나님의 율법에 대한 거룩한 순종입니다.

칭의와 복음에 약속된 언약 안에 약속된 모든 다른 구원의 은덕들은 오직 참된 믿음을 통해서만 받을 수 있습니다 롬 4장. 우리는 은혜언약 안에서 우리의 위치를 얻지 못하고 얻을 수도 없습니다. 그러나 성경은 참된 믿음이 반드시 (혹은 결과적으로) 선행의 열매를 맺는다는 것을 매우 분명히 합니다.

만일 그렇지 않다면, 그것은 참된 믿음이 아닙니다약 2:14-26. 이 둘의 관계는 뿌리와 열매의 관계입니다.

우리는 언약관계 안에서 하나님과 연관되는 두 가지 방식을 구별합니다. 곧 우리는 오직 저주와 사망으로만 인도하는 불신앙에 의해 특징짓는 엄격하게 법적인 관계와 복과 생명으로 인도하는 참된 믿음에 의해 특징짓는 생명의 관계를 구별합니다.

성경은 언약을 깨뜨린 자들에 대해 말합니다(예를 들면, 겔 16:59). 이 언어는 언약관계 안에서 불신실함과 기능장애에 대해 말하는 것이고, 이 관계의 완전한 깨어짐이 아닙니다. 이 불신실함은 결과들이 있게 하는데, 먼저 징계(권징), 다음으로 나중에 만일 회개가 없다면 정당한 심판이 있게 합니다. 모든 악은 하나님께 처벌받을 것입니다. 그러나 하나님께서는 언약을 깨뜨린 자들에게 내리는 특정한 양의 진노를 가지고 계십니다히 10:26-31. 하나님께서는 여전히 그들과 관계를 유지하시지만, 그 관계는 재판관/피고인 혹은 왕/반역자의 적대적인 관계입니다. 그러나 참 믿음을 가진 사람들은 예수 그리스도의 중보를 통해 언약관계 안에서 하나님과 교제 안에서 삽니다. 그리스도를 통해, 그들은 살아있고 즐겁고 건강한 관계, 곧 아버지/아들의 관계를 즐깁니다.

더 깊은 연구 Further Study

더 깊은 연구를 위한 추천 도서들

저는 언약신학에 대해 더 배우는 데 관심이 있을 것 같은 사람들을 위해서는 각 책에 관한 다소 간단한 코멘트를 달아서 이 도서목록을 만들었습니다. 이 목록은 종합적인 것이 아니고 어떤 특별한 순서로 제시하는 것도 아닙니다. 이 목록을 언급하는 것은 제가 이 책들의 세세한 부분, 용어, 형식까지도 다 동의한다는 것을 의미하지 않습니다. 정말로 이 책들 중 일부는 특별한 요점들에 있어서 모순됩니다. 여기에서 이 책들을 나눔에 있어서, 제가 말씀드리는 것은 제가 이 책들로부터 가치 있는 것들을 배웠고 아마도 여러분도 또한 그럴 수 있다는 것입니다.

The Covenant of Grace, John Murray (Phillipsburg: P & R, 1953, 1988).

이 책은 32페이지 분량의 작은 소책자입니다. 머레이 Murray는 은혜언약의 여러 집행의 개념을 꽤 잘 설명합니다. 이 책은 머레이의 4권의 저작 선집에 포함되어 있지 않습니다. [편집자 주 - 기독교세계관학교의 정기간행물인 Knowing the Times 3호 (2013년 가을호)에 "은혜언약: 성경신학적 연구"라는 제목으로 번역되어 소개되어 있습니다.]

The Main Points of the Covenant of Grace - Klaas Schilder.

이 책은 1944년과 1945년에 네덜란드 몇몇 곳에서 전달된 강연이었습니다. 이 책은 스킬더 Schilder의 언약신학의 좋은 요약입니다. 그는 은혜언약의 역동적이고 관계적인 성격을 강조합니다. 이 책은 온라인 www.spindleworks.com에서 찾아 볼 수 있습니다. [역주 - 이 책은 역자가 '은혜언약의 주요요점'이란 제목으로 번역했지만 아직 미 출간 상태이다.]

Covenant and Election, J. Van Genderen (Neerlandia: Inheritance Publications, 1995).

이 책은 이 언약과 선택이란 주제의 역사를 개관하는 데 도움이 됩니다. 또한 저자는 언약과 선택의 유사성과 차이점을 잘 설명합니다. [역주 - 이 책은 역자가 '언약과 선택'이란 제목으로 번역했지만 아직 미 출간 상태이다.]

Teaching and Preaching the Word: Studies in Dogmatics and Homiletics, Nicolaas H. Gootjes, (Winnipeg: Premier Printing, 2010).

언약신학과 연관하여 특별히 가치 있는 것은 4장(그리스도의 순종과 언약적 순종), 8장(표와 인), 9장(세례의 약속들), 17장(부모들은 확신할 수 있는가? 도르트 신경 I 장 17조의 배경과 의미)입니다.

Reformed Dogmatics, Herman Bavinck (Grand Rapids: Baker, 2006)

바빙크Bavinck는 항상 성경의 꼼꼼한 주석으로부터 자신의 결론을 발전시키는 세심한 신학자였습니다. 그는 개혁교의학 3권에서 은혜언약에 대해 토론하고 가치 있는 면

밀한 연구를 합니다. 개혁 교의학 2권에서, 그는 또한 행위언약에 대해 주목할 만한 논의를 합니다.[역주 - 이 책은 헤르만 바빙크 개혁교의학 4권+색인1권으로 박태현 역으로 부흥과 개혁사(2011년)에서 출간되었습니다.]

An Everlasting Covenant, J. Kamphuis, (Launceston: Publication Organisation of the Free Reformed Churches of Australia, 1985).

이 책은 1944년의 자유로 이끈 언약신학에 대한 논쟁들을 더 상세히 잘 탐구한 내용들 중 일부를 밝혀낸 더 전문적인 저서입니다.[역주 - 이 책은 역자가 '영원한 언약'이란 제목으로 번역했지만 아직 미 출간 상태이다.]

Covenant, Justification, and Pastoral Ministry, ed. R. Scott Clark (Phillipsburg: P & R, 2007).

이 책은 캘리포니아 웨스트민스터 신학교의 교수진이 쓴 논문집입니다. 페더럴 비전의 거짓 가르침에 대하여 이 책에서 경종을 울리는 몇 가지 주의할 점이 있지만, (특별히 12장에서) 끌라스 스킬더 Klaas Schilder의 신학에 대한 논의는 도움이 되지도 않고 정당하지도 않습니다.

A Puritan Theology: Doctrine for Life, Joel R. Beeke & Mark Jones (Grand Rapids: Reformation Heritage Books, 2012).

이 중요한 책은 언약신학에 대해 다루는 여러 장을 포함하고 있습니다. 19장 '언약의 조건에 대한 청교도 입장'은 어느 정도 도움이 되고, 특별히 선행하는 조건과 결과로 일어나는 조건의 차이를 설명하는 데 있어서 도움이 됩니다. [역주 - 이 책은 '청교의 모든 것'이란 제목으로·김귀탁 번역 (부흥과 개혁사, 2015)으로 출간되었습니다.]